L'ORATOIRE DV COEVR

INRI

PRÆDICAMVS CHRISTVM CRVCIFIXVM

OV

METHODE
Tresfacile
Pour faire

ORAISON
Avec J. CH
au fond
du Coeur

A PARIS
Chez Pierre de Bresche
rue S. Jacques.

L'ORATOIRE DV CŒVR

OV METHODE TRES-FACILE.

POVR FAIRE ORAISON auec IESVS-CHRIST dans le fond du Cœur.

Et representée en huict Figures en Taille douce.

Par M. DE QVERDV LE GALL Docteur en Theologie, & Recteur de Seruel en Bretagne.

Prædicamus Christum Crucifixum. 1. Cor. 1.

A PARIS,

Chez PIERRE DE BRESCHE,

ET

IACQVES DE LAIZE-DE BRESCHE, ruë Saint Iacques, deuant S. Benoist, à l'Image Saint Ioseph.

M. DC. LXX.

Avec Permiſſion, & Approbation.

A

MONSEIGNEVR,

BALTAZAR GRANGIER

EVESQVE ET COMTE

DE TREGVIER.

*M*ONSEIGNEVR,

*Le zele continuel que vôtre Gran-
deur fait paroiftre en tout ce qui
regarde le falut de tous fes Dioce-
fains, l'obligation que ie luy ay pour
toutes les bontez qu'elle m'a témoigné en plufieurs rencontres, & le
tefmoignage qu'elle me donna il y
a quatre ans de l'eftime qu'elle fai-*

ã iij

EPISTRE.

soit de la Methode d'Oraison que ie fis imprimer à Paris en abrege dans vne feüille, par la lettre quelle eût la bonté de m'écrire, m'obligent à luy dedier de nouueau ce petit Ouurage que i'ay composé estant à Rome, & qui depuis qu'il a esté imprimé en Italien, a esté traduit en François, par vn de mes amis, à la sollicitation de plusieurs personnes de pieté & particuliere-ment du Libraire qui auoit imprimé la feüille, lequel voyant que mes occupations continuelles ne m'auoient pas permis d'y mettre la main iusques à present, & cepen-dant que toutes les feüilles estoient debitées, s'estoit resolu de l'impri-mer en Liure, pour la commodité publique. I'offre donc ce petit tra-uail à Vostre Grandeur, lequel com-me i'espere estant appuyé de vostre

EPISTRE

protection, fera regner de plus en plus IESVS-CHRIST crucifié dans les cœurs, non seulement de vos oüailles, mais aussi de plusieurs autres; & puisque nostre saint Pere le Pape Alexandre VII. a tellement approuué cette maniere d'Oraison, s'estant fait expliquer le Tableau des Mysteres de la Passion de IESVS-CHRIST par l'Eminentissime Cardinal Bona; que son Successeur Clement IX. a agreé de bon-cœur auant mon depart de Rome que ie le luy dediasse; & que d'ailleurs deux Docteurs de Sorbonne, aussi illustres pour leur pieté, que pour leur science, l'ont approuué, & ont iugé que cette methode d'Oraison pouuoit estre tres-vtilement enseignée dans les Seminaires, dans les Communautez Religieuses, dans les

ã iiij

EPISTRE.

Prosnes, tant dans les Villes que dans les Campagnes & dans les Missions, aux Grands & aux Petits, aux Doctes & aux Ignorants, aux Riches & aux Pauures, ie ne doute point qu'estant augmenté & paroissant en vn meilleur ordre dans vn Liure, il ne soit receu de tout le monde auec grande ioye, & ne serue beaucoup à l'auancement des ames dans la perfection, & à procurer la gloire de Dieu, qui est tout mon souhait, aussi bien que d'estre inuiolablement & auec tout le respect,

MONSEIGNEVR,

De Vostre Grandeur,

Le tres-humble & obeïssant
seruiteur MAVRICE LE GALL.

AVERTISSEMENT.

CE Liure a esté composé par l'Autheur d'vne feüille qui parut à Paris il y a enuiron quatre ans, où estoient representez les sept Mysteres de la Passion de Iesvs-Christ auec ceux de la sainte Enfance, & de la sainte Trinité, dans laquelle estoit expliquée la Methode d'Oraison enseignée dans ce Liure, mais beaucoup plus imparfaitement. Mais comme il en eût porté quelques—vnes à Rome; il en fit presenter vne par le Reuerend Pere Bona, cy-deuant General de la Congregation des Feüillans d'Italie, & maintenant Cardinal de la sainte Eglise Romaine, au Pape Alexandre VII. qui estoit alors malade & enduroit de grandes douleurs, afin que la veüe & la Contemplation de Iesvs-Christ souffrant luy donnast de la force pour souffrir les maux qu'il enduroit : ce que sa Saincteté agrea de bon cœur, & luy fit témoigner sa reconnoissance par des paroles qui faisoient cõnoistre l'estime qu'il en faisoit & par vne riche Medaille d'or où étoit son portrait dont il luy fit present, & depuis voulut auoir tousiours ce Tableau iusqu'à sa mort auprés de son lict, tantost le faisant mettre au pied du lict pour enuisager plus aisément Iesvs-Christ souffrant, tantost auprés de sa teste & s'encourageant à la veüe de ce diuin Sauueur en qui il mettoit toute sa force, il produisoit diuerses

aſpirations vers luy & diſoit ſouuent, ô mon
Iᴇsᴠs! augmentez ma douleur, mais augmentez ma patience. Ô que n'ay-je vos douleurs
grauées dans mon cœur, comme elles le ſont
dans ce Tableau! Mais comme cette feüille
ne ſembloit pas commode pour porter & s'en
ſeruir en diuerſes rencontres, il fut ſollicité
par pluſieurs perſonnes tant François, qu'I-
taliens & entr'autres du Maiſtre du ſacré Palais qui luy donna vne Approbation authen-
tique de cette maniere d'Oraiſon, de faire vn
Liure ſur cette matiere; ce qu'il fit, & auſſi-toſt
qu'il fut acheué, il fut donné pour imprimer
en Italien, ſous le titre de *L'Oratoire du Cœur*,
& le Pape Clement IX. témoigna à l'Autheur
peu de jours auant ſon depart, agreer de
grand cœur qu'on le luy dediaſt, & depuis vn
exemplaire eſtant venu à Paris entre les mains
d'vn de ſes Amis, il a eſté prié inſtamment par
pluſieurs perſonnes de grande pieté & conſide-
ration, & preſſé du Libraire qui n'auoit plus
aucune des feüilles qui auoient eû vn grand
cours par tout le Royaume, & particulierement en Bretagne, de le traduire, & ne vouloit
plus differer de r'imprimer cette feüille toute
ſimple en Liure, puiſque l'Autheur n'auoit pas
le temps d'y trauailler, ce qu'il fait dans la
penſée que la feüille n'eſtoit pas capable de
faire tout le fruit pour les ames que pouuoit
faire ce Liure qui eſtoit bien augmenté, & en
meilleur ordre & dans le deſſein purement
d'eſtablir le Royaume de Iᴇsᴠs-Cʜʀɪsᴛ dans
les cœurs, à l'exemple de S. Paul, *qui ne pré-*

choit que IESVS-CHRIST *crucifié, lequel eſt tout le threſor, toute la gloire & toute la force des Chreſtiens.* L'experience a fait connoiſtre les grands auantages que les ames retirent de la contemplation de IESVS-CHRIST qu'elles conſiderent en eſprit dans les diuers Myſteres de ſa Vie, & particulierement de ſa Mort & Paſſion au fond de leurs cœurs ; c'eſt à dire, dans leur interieur, au fond de leurs ames & dans elles-meſmes, lors qu'elles perſeuerent dans l'Oraiſon, & ſont fidelles à ſe recueillir ſouuent : & on a veu depuis quelques années que pluſieurs grands ſeruiteurs de Dieu ont enſeigné de bouche, ou par leurs eſcrits en diuerſes parties de ce Royaume cette maniere d'Oraiſon, que quantité de perſonnes de tout ſexe, de tout âge & de toutes conditions ſe ſont retirées du peché, ſe ſont détachées du monde & de ſes vanitez, & ont fait vn tres-grand progrez dans l'Oraiſon & dans la vie interieure. On a reconneu que des Religieux & Religieuſes, des Preſtres, des perſonnes de qualité de l'vn & de l'autre ſexe, des gens de la campagne & aſſez groſſiers, des enfans à qui elle a eſté enſeignée & l'ont embraſſée auec ſimplicité, ont gouſté la vie deuote & interieure par cette voye, qui ne pouuoient auparauant ou n'eſtoient pas iugées capables de faire l'Oraiſon mentale. Mais ſi quelques ames ſont deſireuſes de voir d'autres Liures compoſez ſur cette matiere, elles pourront lire *l'ouuerture interieure des ſept ſceaux de l'Agneau occis*, imprimé à Paris,

Auertiſſement.
ou *l'Abregé fait depuis peu*, compoſé par le
meſmé Autheur, qui eſt vn Seculier de grande
vertu, dont on eſpere bien-toſt d'autres Ou-
vrages ; où le Chreſtien vny à IESVS-
CHRIST au fond du cœur, par le R. P.
Victorin Recollect, imprimé à Paris ; Iesvs
ſouffrant par vn Pere Minime, imprimé à
Roüen, le Faiſceau de Myrrhe, imprimé à Paris ; les Exercices du Cœur de M. Bail, imprimé à Paris, & quelques autres.

AVX AMES DEVOTES

SVR LE LIVRE DE L'ORATOIRE

DV COEVR.

Vous qui ne reſpirez que le Ciel à toute heure,
Et qu'vn Dieu vienne en vous établir ſa demeure,
Liſez de iour en iour l'Oratoire du Cœur,
Pour déclarer au Vice vne immortelle guerre,
Et Dieu vous viſitant par ſa ſainɛte faueur,
Se fera de voſtre ame vn petit Ciel en terre.

I. Du Four. C. D. Med.

L'ORATOIRE

L'ORATOIRE
DV CŒVR
OV
METHODE

Tres facile pour faire Oraison
auec Iesvs-Christ, au
fond du Cœur.

PREMIERE PARTIE.

Des trois Principes sur lesquels est
fondée l'Oraison mentale ou le recueillement interieur qui se fait auec
Iesvs-Christ au fond du Cœur.

CHAPITRE PREMIER.
PREMIER PRINCIPE.

Dieu a vne presence particuliere dans
l'Ame Chrestienne, pour y estre adoré
dans l'Oraison Mentale.

ENCORE bien que
Dieu par l'immensité
de son Essence, soit
réellement par tout;
neantmoins on peut dire qu'il est

A

prefent & habite particulierement dans nos Ames, comme
dans fon Temple, & qu'il veut
y eftre recherché, adoré & prié
comme dans vn Ciel interieur,
felon qu'il nous l'a enfeigné, en
S. Matthieu, par ces paroles, *Cum*
oraueris, intra in cubiculum tuum,
& claufo oftio, ora Patrem tuum in
abfcondito : Lors que vous vou-
drez prier, entrez en vn lieu retiré de voftre maifon, & ayant
fermé la porte, priez voftre Pere
en fecret. Sur quoy les faints
Peres difent communément que
cette chambre dans laquelle nôtre Seigneur dit qu'il faut fe retirer pour prier, n'eft autre que
la chambre interieure de noftre
Cœur. *La Chambre,* dit S. Auguftin, *de laquelle parle noftre Sei-*
gneur, n'eft pas vne chambre mate-
rielle ; mais le fecret & l'interieur
de noftre Cœur : il faut donc fermer
la porte exterieure de nos fens, afin
que l'Oraifon que nous faifons en

Mtth. c. 6.

Aug. Ser.
50. de tem-
pore.

esprit dans l'interieur de nôtre Cœur,
soit addreßée au Pere Eternel , veu
que c'eſt la le secret dans lequel il
veut eſtre prié, par où il ne nous a-
uertit pas de prier , mais de la maniere auec laquelle nous deuös prier.

Le deuot S. Bernard enseigne
la meſme choſe , diſant : *Lors que
vous prierez , ne rempliſſez pas les
oreilles de ceux qui ſont auprés de
vous de ſouſpirs, & par vos diſcour;
mais ſoyez attentif à Dieu en priant
dans la chambre de voſtre Cœur.*
Dans leſquelles paroles il faut remarquer que la vraye Oraiſon ne
conſiſte pas à parler ou ſouſpirer,
quoy que ces ſouſpirs puiſſent
eſtre bons, lors qu'ils ne ſont pas
affectez, mais qu'ils ſont produits
inſenſiblement par la tendreſſe
de la deuotion que le Cœur reſ-
ſent, ſoit en l'Oraiſon, ſoit en
d'autres occaſions; mais que ſa
perfection conſiſte à s'vnir auec
Dieu dans l'intime du Cœur,
pour y prier en ſilence, auec l'at-

A ij

S. Bern. in
formula
honeſtæ vi-
ta.

tention & le respect conuenable.

Le Docteur Angelique S. Thomas expliquant ces mesmes paroles de IESVS-CHRIST, asseure
que cette chambre est la chambre de nostre Cœur, la partie exterieure de laquelle est le monde
auec tout ce qui s'y voit: nos sens
en sont la porte, par laquelle nôtre esprit sort pour aller courir
parmy les creatures: c'est pourquoy nous les deuons tenir ren-
fermez, non seulement afin qu'ils
ne se distrayent point, mais encore pour demeurer recueillis
dans l'interieur de nostre Cœur,
& vnis à Dieu, qui se plaist à nous
voir prier en cette maniere; voicy

S. Thomas in Matth. cap. 6.

ses paroles, *Par nos chambres, dit-il,
il faut entendre nos Cœurs, la porte
sont nos sens exterieurs, les dehors
sont toutes les choses temporelles qui
penetre nostre esprit par les sens,
& qui troublent ceux qui prient,
par la foule des diuers fantosmes: Il
faut donc fermer la porte des sens,*

afin que noſtre Oraiſon qui ſe fait dans l'interieur du cœur, ſoit bien receuë du Pere Eternel, & noſtre Pere qui voit ce qui ſe paſſe dans le ſecret, nous rendra la recompenſe.

Nous pouuons ioindre à l'authorité des ſaints Peres que nous auons allegué le témoignage du Prophete Royal, *Inuenit ſeruus tuus cor ſuum vt oraret* : Voſtre ſeruiteur, dit il, a trouué ſon Cœur comme vn lieu propre pour prier. Ce que S. Auguſtin a fort bien remarqué ſur le Pſ. 85.

Enfin, c'eſt le ſentiment du grand Eueſque de Genéve ſaint François de Sales, l'idée parfaite des Ames d'oraiſon, qui a traité de la vie interieure d'vne maniere ſi ſublime; voilà ce qu'il dit dans ſon Introduction à la Vie Deuote, aprés auoir enſeigné à ſa Philothée à ſe retirer en toute rencontre dans les playes de IESVS CHRIST, *Reſſouuenez vous* dit-il *à ſa Philotée*; de faire toû-

Dauid 2. Reg. c. 7.

S. Fran-
çois de
Sales, In-
troductió
à la Vie
Deuote,
p. 2. ch. 12.

,, jours plusieurs retraites en la so-
,, litude de vostre Cœur, pendant
,, que corporellement vous estes
,, parmy les conuersations & affai-
,, res. Cette Solitude Mentale ne
,, peut nullement estre empeschée
,, par la multitude de ceux qui sont
,, autour de vostre Cœur, ains au-
,, tour de vostre corps, si que vo-
,, stre Cœur demeure luy tout seul
,, en la presence de Dieu; C'est l'e-
,, xercice que faisoit le Roy Dauid
,, parmy tant d'occupations qu'il
,, auoit, comme il le témoigne par
,, mille traits de ses Pseaumes. Les
,, Pere & Mere de sainte Catherine
,, de Sienne luy ayans osté toute
,, commodité de lieu & de loisir,
,, pour prier & mediter, nostre
,, Seigneur l'inspira de faire vn pe-
,, tit oratoire interieur en son es-
,, prit, dedans lequel se retirant
,, mentalement, elle pust parmy les
,, affaires interieures vaquer à cet-
,, te sainte Solitude cordiale; & de-
,, puis quand le monde l'attaquoit,

elle n'en receuoit aucune incom- "
modité, par ce, disoit-elle, qu'el- "
le s'enfermoit dans son cabinet "
interieur, où elle se consoloit "
auec son Celeste Espoux: aussi "
deslors elle conseilloit à ses en- "
fans spirituels de se faire vne "
chambre dans le Cœur & d'y de- "
meurer. Retirez donc quelques "
fois voltre esprit dans voltre "
Cœur, où separée de tous les "
hommes, vous puissiez traitter "
cœur à cœur de voltre ame auec "
son Dieu. "

Voilà les enseignemens auec lesquels ce grand Saint de nostre siecle menoit à Dieu les Ames qui s'addressoient à luy; voila la nourriture spirituelle dont ce grand Pasteur les nourrissoit. Et c'est à quoy se rapporte cét auis qu'il donne pour demeurer re-cueilly auec Dieu, mesme hors de l'Oraison, qu'il exprime en ces paroles: Au sortir de cette "
oraison cordiale, il vous faut "

„ prendre garde de ne point don-
„ ner de fecouffe à voftre cœur,
„ car vous épancheriez le baume
„ que vous aués reçu par le moyen
„ de l'Oraifon.

Mais outre ces authoritez qui
doiuent eftre fuffifantes pour
montrer qu'il eft neceffaire dans
l'Oraifon mentale, de fe retirer
dans fon interieur, il y a deux
raifons qui le perfuadent effica-
cement. La premiere eft tirée de
la prefence particuliere de Dieu
dans noftre cœur, comme dans
fon Temple ou fon Palais L'authorité de S. Auguftin eft fuffi-
fante. *Puis*, dit-il, *que Dieu eft
infiniment prefent dans noftre cœur,
nous deuons y entrer en efprit, comme dans vn Temple interieur, pour
y prier ; Dieu eft infiniment prefent au cœur, vous voulez prier
dans vn Temple, priez en vous
mefme ;* car dit-il en vn autre lieu,
Les cœurs des Fidelles font vn Ciel.
La feconde raifon fe tire de

la nature de l'Oraison Mentale : l'Oraison n'est autre chose,
selon le commun sentiment des
Saincts Peres, qu'vne Eleuation de l'esprit à Dieu : or cette
eleuation selon S. Augustin ne se
fait pas en trauersant les cieux
par pensée pour aller iusques au
Ciel empirée, trouuer & adorer Dieu dans le Thrône de sa
gloire ; mais par vn humble ab-
baissement & descente de nostre
esprit recolligé en Dieu, present
dans le thrône de sa grace qui est
dans le Ciel interieur de nostre
cœur. *Nostre eleuation, dit-il, est* ·*s. August.*
dans le cœur, parce que celuy vers *serm. de*
qui nous nous éleuons, est proche de *Natiuit.*
nous, Dieu estant intime à nostre *Domini.*
cœur. C'est aussi ce que veut dire *In lib. 4.*
Albert le Grand par ces paroles ; *conf. c. 12.*
Dans les choses spirituelles, celles-là
sont superieures qui sont les plus in- *Albert.*
times ; c'est à dire que dans le *Mag. l. de*
monde interieur de nostre Ame, *die c. 7.*
ce qui est le plus interieur, est

le plus sublime & éleué. Cette verité se confirme encore par le témoignage de S. Augustin. *Pour sortir de ce monde exterieur & retourner à Dieu, & pour monter d'icy bas en haut, il faut que nous passions par nous-mesme ; car monter à Dieu c'est rentrer en soy-mesme, & non seulement entrer dans son interieur ; mais se passer soy-mesme par vne entrée ineffable dans l'interieur. Car celuy qui entre dans son interieur monte veritablement à Dieu.*

CHAPITRE II.

Second Principe.

ENcore bien que Dieu soit intimement present dans nos Ames, nostre esprit ne peut pas pourtant s'en approcher ny le contemplerparfaitement que par le moyen de IESVS-CHRIST Dieu & Homme, nostre Media-

teur, confideré en objet de foy
& d'amour dans noſtre interieur.

Il ne faut point d'autre preuue
de cette verité, que ce que dit
noſtre Seigneur, *Ie ſuis la Voye,* Ioan. 4.
la Verité & la Vie. Il eſt la voye
par laquelle nous allons à Dieu
dans le Ciel interieur de noſtre
cœur, la verité qui nous eſclaire
pour ne point faillir, la vie qui
nous anime & viuifie par ſa preſence amoureuſe au moyen de la
Foy dans nos cœurs, ſelon le ſentiment de l'Apoſtre. IESVS-
CHRIST *demeure par la Foy dans
nos Cœurs.*

Ainſi donc ſi on ne peut pas arriuer à vn terme, ſans paſſer par le
chemin, ou marcher & ne point
tomber ſans lumiere, ou agir ſans
eſtre viuant, auſſi ſemble-il qu'il
ſoit impoſſible d'arriuer à la connoiſſance de Dieu, ſans nous ſeruir de la Foy pour conſiderer
IESVS-CHRIST preſent dans nôtre cœur, *Perſonne ne vient à mon*

Pere sinon par moy. Ie suis la porte
si quelqu'vn entre par moy, il sera
sauué, il entrera, il sortira, & trouuera des pasturages; C'est à dire,
que Iesvs-Christ est la porte,
& que quiconque veut ioüir
de la diuinité dans le fond de
son ame, il faut qu'il entre par
cette porte, & il y trouuera dans
l'Oraison vne nourriture spirituelle, auec abondance pour se
nourrir soy-mesme & plusieurs
autres, lors qu'il sortira de son
interieur pour instruire dans les
occasions; enfin que quiconque
sçait bien contempler I. Christ
Dieu & homme dans son interieur, áttriuera à la connoissance
de la Diuinité de son Pere; dautant que ceux qui regardent par
la foy Iesvs-Christ dans leur
cœur, voyent encore le Pere
Eternel qui y est present, selon ce
qu'il a dit luy-mesme à S. Philippe: *Philippe qui me voit, voit mon
Pere.* Et sans luy nous ne par-
uiendrons

uiendrons jamais à cette parfaite connoiſſance de Dieu, ſelon ces paroles: *Perſonne ne connoiſt le Pe- re ſinon le Fils, & celuy à qui le Fils le reuele.* — Math. 14.

Or encore bien que ces paroles de N. Seigneur puiſſent auoir diuers ſens, on pourra facilemét voir, que cette maniere de prier a été enſeignée & pratiquée auec de gráds auantages par pluſieurs Saints, qui ſe retirants dans le fond de leur Cœur, ſe ſont occu- pez tres-vtilement, en y con- uerſant auec Ieſus-Chriſt, & ont conſeillé le meſme aux autres.

La Seraphique ſainte Thereſe dit, que dans le plus profond de ſon Cœur, elle auoit couſtume de voir Ieſus-Chriſt, & que ceux qui veulent s'addonner à l'Orai- ſon & au recueillement, doiuent plutoſt regarder I. Ch. dans leur interieur, que dans l'exterieur. *Eſtant vne fois, dit-elle, au Chœur auec les autres, mon ame ſe recueil-* — Sainte Thereſe.

B

de lit en vn instant, & m'estoit auis que j'estois deuenuë comme vn clair miroir ; puis Nostre Seigneur s'apparut à moy au centre de mon ame, de la mesme façon que j'ay coustume de le voir, & il m'estoit auis que ie le voyois clairement en toutes les parties de mon Ame. Il me semble que cette Vision, est vtile aux personnes de recueillement, afin de leur apprendre à considerer Nostre Seigneur au plus profond de leurs Ames : car c'est vne consideration qui se conglutine dauantage & qui est beaucoup plus fructueuse, que de le considerer hors de soy, comme quelques liures nous enseignent.

Et Saint Augustin le dit, particulierement, lors qu'il asseure qu'il ne trouuoit point Dieu ni dans les places, ni dans les contentemens, ni en aucun autre endroit, comme au dedans de son Ame.

Sainte Catherine de Sienne, au rapport de Surius dans sa vie, se

feruoit de cette pratique. Le S.
Efprit, dit-il, infpira & ayda par
fa grace cette Sainte à fe fabri-
quer vn lieu de Retraitte dans le
centre de fon Cœur, afin de s'y
tenir toujours r'enfermée en efprit, fans que les affaires exterieures peuffent l'en faire fortir;
Ainfi la Sainte demeurant dans
la chambrette de fon Cœur, où
habitoit Iefus-Chrift par la foy,
elle triomphoit facilement de
toutes les tentations & trompe-
ries de l'ennemy, & auoit coutu-
me de confeiller à fon Confeffeur
qui eftoit le Pere Raymond, qu il
fe fift vne retraite femblable dans
fon Cœur, dans laquelle Iefus-
Chrift fe plaift de demeurer, &
dans laquelle le regne de Dieu fe
retroüue, & qu'il n'en fortift jamais, nonobftant tous les em-
plois de dehors. Ce diuin hofte
de fon Cœur, luy faifoit mener
vne vie contente, & la faifoit
méprifer toutes les rufes du

B ij

" demon, duquel elle remportoit
" de glorieuses victoires, comme
" estant bien instruitte dans l'esco-
" le de son Cœur par Iesus-Christ,
" qui luy enseignoit les voyes &
" les manieres de surmonter tous
" ses ennemis exterieurs, & les
" vains allechemens du Monde.

Enfin la B. Angele de Foligny
parlant d'elle mesme, dit ces paroles : *Estant vn iour en Oraison,*
j'entendis ces mots. Tous ceux qui
sont enseignez & eclairez de Dieu
pour connoistre le chemin de la vie
interieure qui conduit à luy, & bou-
chent leurs oreilles, pour ne point
entēdre cette doctrine, & ferment les
yeux pour ne point voir cette lumie-
re, & par consequent, refusent de
prester l'oreille à ce que Iesus-Christ
leur dit dans le fond de leur Cœur,
& enfin, qui enflez de leur propre
capacité & de leur science, veulent
suiure vne autre doctrine & con-
duite, & suiure la voye commune,
non-obstant les inspirations qui leur

Dans sa vie au ch. 51.

sont données, encourent la maledi-
ction de Dieu; ces paroles me furent
dites, non sans vn grand estonnemēt,
que ie reffentis en les entendant.

Il ne reste donc qu'à imiter ces
saintes Amantes de Iesus-Christ,
& suiure le conseil de saint Augustin sur ces paroles du Psalmi-
ste, *Dedisti lætitian in corde meo.*
Il ne faut point, dit-il, chercher "
de joye au dehors, mais au de- "
dans, en nostre maison interieu- "
re, dans nostre Cœur, où Iesus- "
Christ demeure; c'est à dire, dans "
cette chambre où il faut prier, & "
dont parle nostre Seigneur Iesus- "
Christ.

Il faut auoüer que par le defaut
de ce recueillement interieur,
nous sommes bien éloignez de
cet estat que l'Apostre S. Paul
estime être propre des Chrestiés,
c'est à sçauoir, d'estre morts à
nous-mesmes & à toutes les choses exterieures, pour mener vne
vie cachée auec Iesus-Christ dās

s. August.
Psalm. 4.
v. 7.

la solitude de noftre Cœur. *Vous*
eftes morts, dit-il ; *& voftre vie eft*
cachée auec Iefus-Chrift en Dieu;
C'eft pour cela que nous ne pouuons pas dire comme le mefme
Apoftre, *Ie vis, mais ce n'eft plus*
moy, c'eft Iefus-Chrift qui vit en
moy.

CHAPITRE III.

TROISIESME PRINCIPE.

Que pour contempler Dieu en nous,
il faut confiderer Iefus-Chrift en
Croix, & dans les autres Myfte-
res de fa Paffion, comme vn objet
de Foy & d'amour.

LEs Saints Peres difent trois
chofes dignes de remarque
touchât la Meditation de la Paffion de Noftre Seigneur. La premiere eft que c'eft l'exercice le
plus agreable à noftre Seigneur,

& le plus vtile à nos Ames. Albert le Grand en parle en ces ter-
mes : *La simple memoire ou Medi-*
tation de la Passion de Iesus-Christ
vaut plus que le ieûne d'vn an en-
tier au pain & à l'eau, ou la disci-
pline tous les Vendredis iusques au
sang, ou la recitation du Psautier
entier chaque iour. Ce qu'il ne dit
pas pour mépriser l'exercice de la
mortification, puisqu'elle aide
beaucoup à l'Oraison.

La seconde chose que disent
les SS. Peres des auantages que
nous pouuons tirer de la Passion
de Iesus-Christ, est que nous ne
pouuons pas reussir en l'Oraison
mentale, ny arriuer à vne parfaite
Contemplation, si nous ne nous
exerçons vers la Passion de noftre
Seigneur.

Sainct Bonauenture blasme l'i-
gnorance des Chrestiens, & s'é-
tonne de leur aueuglement, de ne
sçauoir pas que les Playes sacrées
de l'Humanité sainte de noftre

Seigneur. font des Portes ouuer-
tes à noſtre eſprit pour entrer
dans la plus intime contemplation de ſa Diuinité : *O aueugle-*
ment, dit-il, des enfans d'Adam,
qui ne ſçauent pas entrer en Dieu
par les playes de Ieſus-Chriſt. Le
,, meſme Saint aſſeure qu'vne ame
,, qui meditera comme il faut la
,, Paſſion de noſtre Seigneur trou-
,, uera par ſon eſprit vne porte ou-
,, uerte pour entrer dans la playe
,, du ſacré coſté de Ieſus-Chriſt,
,, d'où il pourra paſſer iuſques au
,, ſein de la Diuinité meſme pour
,, s'vnir auec Dieu & deuenir vn
,, meſme eſprit auec luy, & que
,, c'eſt vne grande preſomption de
,, pretendre entrer dans le repos de
,, la diuine contemplation par vne
,, autre voye. Et dans vn autre en-
,, droit il ajoute que le Fils de Dieu
,, voulut que ſon ſacré Coſté fuſt
,, ouuert par le fer d'vne lance,
,, afin que l'eſprit de ceux qui pro-
,, fitent, entraſt par les Playes dans

S. Bonau.
Stim. amo-
ris, cap. 1.

S. Bonau.
Stimul.
amoris
cap. 1.

Idem
Theol.
Miſc. c. 3.

le sein de la Diuinité.

La troisiesme verité qu'enseignent les Peres & Docteurs de
l'Eglise, est qu'il ne suffit pas de
mediter la Passion de nostre Seigneur dans l'exterieur & hors de
nous, mais qu'il le faut faire dans
nostre interieur, comme l'ont
pratiqué les Saints.

Albert le Grand parlant de la
plus haute Contemplation à laquelle on peut arriuer en cette
vie dit ces paroles : Quiconque
veut arriuer à cét estat, il faut
qu'il ferme la porte de ses sens
exterieurs, qu'il se retire en soy-
mesme & estant là recueilly, qu'il
ne prenne point d'autre objet de
son attention que Iesus-Christ
souffrant, & ainsi qu'il passe de
luy comme homme, en luy comme Dieu par la porte des Playes
de sa sainte humanité.

Sainte Therese dit la mesme
chose en ces belles paroles. Cette façon de prier, qui se nomme

„ de recueillement porte quant &
„ quant soy-plusieurs biens & se
„ nomme ainsi à cause que l'ame
„ ramasse toutes ses puissances &
„ entre en son interieur pour par-
„ ler à Dieu, où ce diuin Maistre
„ l'enseigne & luy donne plustost
„ l'Oraison de quietude, que par
„ toute autre voye ; d'autant qu'é-
„ tant ainsi entrée en elle-mesme,
„ elle peut penser en la Passion, &
„ se representer le Fils, & puis l'of-
„ frir au Pere Eternel sans se lasser
„ l'entendement, l'allant chercher
„ au Mont de Caluaire, au Iardin,
„ ou à la Colomne. Celles qui se
„ pourront ainsi renfermer dans ce
„ petit Ciel de nostre ame, où est
„ celuy qui l'a fait, & la terre aussi,
„ & qui s'accoustumeront à ne re-
„ garder & à estre en lieu où les
„ sens exterieurs se puissent distrai-
„ re, croyent qu'elles vont par vn
„ chemin excellent, qu'elles boi-
„ ront l'eau de la fontaine ; veu
„ qu'elles font beaucoup de che-

min en peu de temps. Peut-on
apporter quelque chose de plus
conuainquant, pour montrer que
nous deuons considerer Iesus-
Christ dans les Mysteres de sa
Passion, plustost au dedans de
nous qu'hors de nous; c'est par
cette voye que plusieurs Saints
& Saintes sont arriuées à vn haut
degré d'oraison & de sainteté.

S. Bonauenture dans la vie de
saint François, rapporte, que cét
homme Seraphique portoit toûjours Iesus-Christ crucifié au milieu de son Cœur & qu'il l'y con-
temploit comme vn aggreable
bouquet de Myrrhe, auec vne
affection admirable, & qu'il de-
siroit d'estre totalement trans-
formé en luy par vn excez de son
amour.

Saint Bernard exhorte vn chacun à porter & regarder toûjours
Iesus-Christ crucifié dans le fond
de son Cœur, dans lequel se trouue la plus douce nourriture de

*S. Bern. in
form. ho-
nesta vita,
cap. 1.*

nos ames, & l'objet continuel de
nos Oraisons? Que Iesus-Christ,
dit ce Pere, soit dans vostre Cœur
& que iamais l'Image de Iesus crucifié ne sorte de vostre esprit, qu'il
soit vostre nourriture, vostre boiss-
son, vostre douceur & vostre consolation, vostre miel & vostre desir,
vostre leçon, & vostre meditation,
vostre contemplation, vostre vie,
vostre mort & vostre resurrection.

Ce que dit Thomas à Kempis
de cette meditation de Iesus-
Christ crucifié dans nos ames,
n'est pas moins exprés, O que ce-
luy-là, dit il, est bien gardé & ar-
mé contre les embusches du diable,
les mauuaises pensées, & les sales
imaginations, qui a l'Image de Iesus
crucifié grauée dans son cœur, qui
penetre tout son interieur; Il n'y
a point de moyen plus efficace
pour surmonter les tentations que
la consideration de Iesus-Christ crucifié dans son cœur. Et puis il ajoû-
te: Encore bien que la Religion soit
priuée

Thomas à
Kemp. ser.
4. ad nou.
part. c. 2.

prinée des biens de la terre & d'a-
mis, il a toutesfois vn celeste tresor
renfermé dans son cœur, qui est
Iesus-Christ, & iceluy crucifié.

Enfin il faut finir la preuue de ce
Principe par le témoignage de S.
Bonauéture qui dit ces belles pa-
roles, dans vn de ses Opuscules.

S. Bonau.
opusc. ryth-
mus de
Cruce.

> *Quando sedes, stas, & jaces,*
> *Quando loqueris, & taces,*
> *Cum fessus quiescris ;*
> *Iesum semper in quo speras,*
> *Crucifixum Corde geras,*
> *Vbicumque fueris :*

C'est à dire,

Quand vous estes assis, ou debout,
 ou couché,
Lorsque vous conuersez ou gardez
 le silence,
Quand vous vous reposez aprés
 auoir marché,
Que Iesus mort en Croix, vostre
 vnique esperance,
Dans vn estat de ioye, ou celuy
 de douleur,
Par tout où vous serez, soit dedans
 vostre Cœur.   C

Il est vray que Iesus-Christ crucifié & dans les autres Mysteres
de sa Passion, si vous le regardez
selon son Corps & son Ame, n'est
que dans le Ciel, où il est à la
droite de son Pere, & dans le
Tres-saint Sacrement de l'Autel
sous les especes du Pain & du
Vin, & non ailleurs; & c'est vn
poinct de foy; mais neantmoins
comme la Foy nous apprend que
Iesus-Christ à souffert la Mort
de la Croix pour le salut des
hommes, nous sommes sans doute obligez à nous en souuenir
souuent, tant pour reconnoistre
vn si grand bien-fait que pour
nous appliquer le merite infiny
de ce Sang precieux qui a esté répandu sur la Croix & qui distille
dans nos cœurs spirituellement
par la voye de l'Oraison. Nous
pouuons donc exercer nostre
foy en pensant à Iesus-Christ
souffrant dans les Mysteres de sa
Passion, ou hors de nous, ou

dans nous-mesmes, & dans le
cabinet spirituel ou oratoire interieur de nostre cœur, comme
l'ont fait plusieurs Saints, &
comme ils l'ont conseillé aux autres ; iugeants cette maniere plus
vtile, que si on le consideroit
hors de soy, & plus propre pour
habituer les ames au recueillement interieur si necessaire pour
faire profit dans la vie spirituelle ; & enfin comme l'experience
d'vn grand nombre d'ames qui
se seruent de cette methode le
fait connoistre tous les iours.

On pourroit encore apporter
icy les sentiments de plusieurs
saints Peres, & Maistres de la
vie spirituelle ; mais il suffit de
les nommer pour les faire connoistre à ceux qui voudront les
lire. S. Ambroise dans son Liure
de l'institution des Vierges Chre-
stiennes, saint Bonauenture dans
son Opuscule, intitulé *Fasciculus
Myrrhæ* ; S. Vincent Ferrier au

Traicté de la Vie Spirituelle, S.
Augustin au Liure de la Virginité, Thaulere aux Chapitres 8. &
36. de ses Institutions & dans l'E-
pistre 20. & plusieurs autres, comme le Pere Rodriguez aux Chapitres de la modestie, du silence&
de l'action graces aprés la Communion, le Pere S. Iures, au Liure
4. de la Connoissance & Amour
deN. Seigneur en parlant de sainte Therese, sainte Catherine de
Sienne, & de sainte Gertrude;
M. Bail Docteur de Sorbonne,
dans son Liure des Exercices du
Cœur, & plusieurs autres.

L'ORATOIRE DV CŒVR.

SECONDE PARTIE.

La Pratique de cette Oraison pour tous les iours de la Semaine.

CHAPITRE PREMIER.

Des dispositions & des Parties de cette Methode d'Oraison en general.

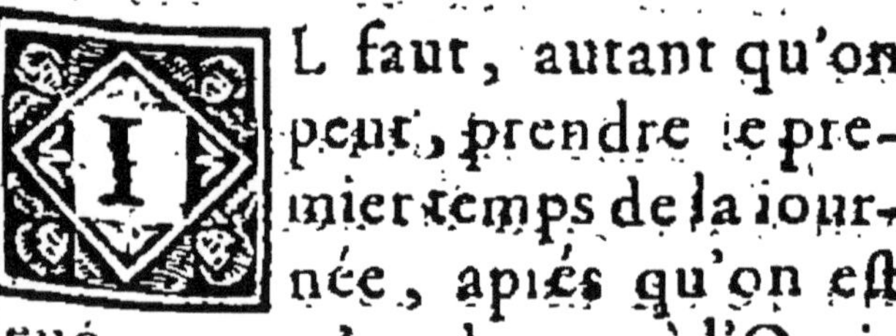

IL faut, autant qu'on peut, prendre le premier temps de la iournée, aprés qu'on est leué, pour s'appliquer à l'Oraison ; ce temps-là estant le plus

propre pour vacquer à Dieu, &
estant moins sujet aux distractions & embarras d'affaires; &
ainsi il est tres-vtile de se mettre
à genoux dans vn lieu retiré &
écarté du bruit, deuant quelque
Image de nostre Seigneur, ou de
la sainte Vierge, si on en a; & là,
aprés auoir fait le signe de la
Croix & produit quelques Actes
interieurs, comme d'Adoration,
de Foy sur la presence de Dieu,
de remerciement pour tous les
biens reçeus de luy, d'offrande
à sa Diuine Majesté de toutes les
pensées, paroles, actions & souf-
frances de la iournée ou autres
semblables, & aprés quelques
courtes Prieres vocales, com-
mencer son Oraison par ces trois
Actes.

Le premier est de Foy sur la presence de Dieu en nous, croyant
qu'il est dans nostre Cœur, comme dans vn Temple interieur, &
que nous n'y pouuons entrer

auec vn esprit recueilly que par
les merites de la Mort & Passion
de Iesus-Christ, & le secours du
Sainct-Esprit.

Le second, vn Acte de Contrition ou d'humilité, en la veüe
de nos pechez, nous estimants
indignes de conuerser interieurement auec Dieu, qui est si pur,
que les Anges tremblent de respect en sa presence, & les Cieux
ne sont pas nets deuant luy, se-
lon le tesmoignage du S. Homme *Iob. 6. 15.*
Iob.

Le troisiesme est d'inuocation
du secours du Sainct-Esprit, par
les merites de la Mort & Passion
de Iesus-Christ, de la sainte Vierge, de sainct Ioseph & de tous
les Saints & Saintes du Paradis,
le priant qu'il nous tire dans nôtre interieur & nous apprenne à
conuerser auec Iesus-Christ dans
l'Oratoire de nostre Cœur, & de
Prieres à nostre Ange-Gardien
& à tous les Anges qu'ils éloi-

gnent de nous tous les empef-
chemens qui nous pourroient
furuenir dans l'Oraifon, & nous
guarantiffent des attaques de
noftre ennemy, qui fait tous fes
efforts pour empefcher le fruit
que nous en pourrions tirer.

Il faut aprés s'eftre preparé à
l'Oraifon par ces trois Actes, recueillir fes fens, & fpecialement
fa veüe, en baiffant modeftement
les yeux du corps, afin d'eftre
plus attentif au dedans, & retirer fon efprit de toute forte de
penfées, de foins, & d'affaires,
afin de pouuoir traitter feul à feul
auec Iefus-Chrift dans le fond
de fon ame & dans le cabinet interieur de fon Cœur, qui peut
eftre confideré, tantoft comme
vn jardin interieur où Iefus-
Chrift prie; tantoft comme vne
fale où Iefus-Chrift eft flagellé;
tantoft comme le Pretoire où il
eft couronné d'Efpines ; enfin
tantoft comme vn Caluaire inte-

rieur où il est attaché en Croix;
& là par l'œil de l'ame, qui est la
foy, considerer Iesus-Christ souffrant dans les diuers Mysteres de
sa Passion.

Ensuite il faut demander auec
humilité & soûmission au Sainct-
Esprit qu'il nous introduise dans
nostre interieur & qu'il nous en
ouure la porte auec la clef de sa
grace; & puis si le Sainct-Esprit
nous l'ouure; c'est à dire, s'il nous
donne facilité pour nous appliquer interieurement à I Christ,
en nous donnant quelque bonne
pensée & éclairant nostre esprit
de quelque lumiere, il faut entrer en esprit & considerer le
Mystere que nous nous sommes
proposez d'enuisager & nous laiss-
ser aller au saints mouuemens
& aux affections qu'il plaira au
Diuin esprit exciter dans nostre
Cœur, produire quelques Actes
vers nostre Seigneur, comme si
on eust esté present au temps de

sa Passion, ou bien écouter ce
qu'il nous dit interieurement, &
demeurer-là dans vne simple ad-
herence à nostre aimable obiet,
nous tenans deuant luy comme
aneantis, attendans ce qu'il plaira à sa diuine misericorde resf
pandre dans nostre ame.

Si le Sainct Esprit ne nous ouure pas la porte; c'est à dire, si
nostre esprit a de la peine à se recueillir interieurement & à se representer Iesus-Christ dans le
Mystere, nous trouuans vuides
de bonnes pensées & de toute
sorte de goust, il ne faut pas pour
cela nous décourager, mais demeurer auec patience & humilité à la porte, nous rendans attentifs à nostre interieur, quoy
que fort doucement & auec sua-
uité, nous auoüants indignes de
toute grace, esperans en Dieu, &
produisants quelques Actes vers
nostre Seigneur en esprit & auec
vne foy nuë, ayants intention de

l'honorer & de nous vnir à luy
parfaitement, & enfin receuants
cette priuation auec resignation
à sa sainte volonté.

Et pour sçauoir d'où vient que
cette porte nous est ainsi fermée,
sondons vn peu nostre conscien-
ce, nos desirs, nos inclinations,
nostre passion prédominante &
nous verrons peut-estre que c'est
nostre orgueil & vanité, nostre
interest, ou l'amour de quelque
plaisir que nous ne voulons point
abandonner, qui nous cause ces
aridirez & nous empesche de
nous recueillir comme il faut
dans nostre interieur : car si nous
voulons iouïr de l'entretien & de
la consolation de nostre Seigneur
dans le Paradis interieur de nôtre Cœur, il faut nous repentir
de nos fautes & nous resoudre à
quitter toutes ces attaches.

Si nostre esprit s'ennuye de demeurer ainsi, & s'éloigne de son
objet par des distractions & di-

uerfes penfées, il faut le ramener
doucement, toutes les fois qu'il
fe diftrait, & quand tout le temps
de l'Oraifon on ne feroit autre
chofe que de retirer ainfi fon efprit des diftractions, tafchant de
fe rendre attentif à Iefus-Chrift
dans fon interieur, l'Oraifon ne
feroit pas moins profitable & me-
ritoire que fi on auoit eu grande
facilité pour fe recueillir interieurement; parce que l'ame fait
ce qui eft en fon pouuoir, &
Dieu qui n'en demande pas dauantage, recompenfera cette fidelité qu'on aura eu à perfeuerer
dans l'Oraifon nonobftant les
diftractions & fechereffes, de
nouuelles graces; & toft ou tard
on éprouuera grande facilité
pour trouuer Dieu dans fon interieur; mais il ne faut pas s'é-
tonner, fi noftre efprit qui n'eft
pas accouftumé ny porté au recueillement, trouue de la peine
dans les commencements à fe retirer

tirer de tout l'exterieur pour s'v-
nir à Dieu, neantmoins si nous
perseuerons, nous pourrons auec
l'aide du S. Esprit paruenir à cette vnion auec Dieu dans l'intime
de nostre Cœur, & pour cet effet luy demander souuent cette
grace.

A la fin de l'Oraison il faut
produire interieurement trois A-
ctes. Le premier est de remercier
Dieu des graces qu'on a reçeu de
luy dans l'Oraison & de ce qu'il
nous a permis de conuerser auec
luy. Le second est de demander
pardon de la paresse & negli-
gence & des autres fautes qu'on
a pû commettre durant l'O-
raison. Le troisiesme est de pro-
poser & promettre qu'on exe-
cutera les bonnes pensées qu'on
a eû, & qu'on visitera souuent
nostre Seigneur dans le fonds de
son Cœur durant la iournée par
de frequents retours dans son interieur, afin de luy tenir compa-

gnie & demeurer en sa presence.

Aprés ces Actes il faut faire vne espece de bouquet spirituel, en choisissant quelque bonne pensée, qu'on aura eû pour s'en souuenir; mais particulierement entreprenant de regarder souuent Iesus-Christ dans le mystere dont on s'est occupé le matin; comme lors que l'Horloge sonne, & le conseruât dans son Cœur amoureusement comme vn agreable bouquet de myrrhe.

Lors que vous irez dire ou entendre la sainte Messe, éloignez de vostre esprit toutes les pensées & soins inutiles & retirez vous dans le temple de vostre Cœur, pour vous y tenir en la presence de Iesus-Christ, consideré dans le mystere que vous auez entrepris ce iour-là; & lors que le Prestre commence la Messe, vous vous vnirez à ses intentions & à celles de la sainte Eglise & depuis l'Offertoire principalemét,

iufques à la Communion du Preftre, il faut vous reffouuenir de
la Paffion de noftre Seigneur immolé fur le Caluaire, & fpirituel-
lemét fur l'autel de voftre Cœur,
comme le Preftre le fait exterieu-
rément, & Sacramentellement
fur l'Autel où il facrifie. Et à l'é-
leuation, ou lors qu'on dit *Do-*
mine non fum dignus, il faut ioindre l'adoration exterieure à l'interieure; & puis continuer à mediter la Paffion de Iefus-Chrift
dans voftre interieur.

Que fi vos occupations ne vous
permettent pas d'entendre la
Meffe tous les iours, vous pouuez cependant participer aux
fruits de cét adorable facrifice, en
vous recueillant interieurement,
comme il eft dit cy-deffus, auec
noftre Seigneur, pour le contempler en efprit dans le myftere de
ce iour là durant vn quart d'heure ou enuiron. On ne peut ex-
primer les graces que reçoiuent

plusieurs personnes qui trauail-
lét dans leurs boutiques ou dans
les campagnes, qui lors qu'elles
entendent sonner la Messe, quittent leur trauail durant quelque
temps, se mettent à genoux, & se
retirent dans leur interieur &
vnissent leurs intentions à celles
des Prestres qui celebrent le saint
Sacrifice de la Messe par tout le
monde.

Pendant la iournée il faut que
de temps en temps, ou bien
quand l'heure sonne vous visi-
tiez en esprit, dans vostre interieur Iesus-Christ souffrant les
peines que vous auez consideré
le matin; & cela se peut faire à
tout moment & en tout lieu, &
ce sont là les œillades interieures
de nostre ame desquelles parle
l'Espoux dans les Cantiques, qui
blessent amoureusemét son cœur
& qui en font découler l'On-
ction du diuin amour dans les
 nostres, *Vous auez blessé,* dit-il,

mon cœur, ma sœur, mon espouse!
par vn de vos yeux, & vous retirant ainsi souuent durant le iour
en vous-mesme pour regarder
Iesus-Christ, l'adorer, l'aimer,
le remercier & produire semblables Actes, vous vous habituerez
peu à peu à vous tenir continuellement dans la presence de Dieu,
& retiré auprés de luy ioindrez
facilement la vie de Marthe à
la Contemplation de Magdelaine, c'est à dire, que vous
ferez vos actions & vous em-
ployerez dans vostre trauail,
sans que cela vous détourne de
vostre attention à Dieu, & cette
attention vous rendra capable
d'agir auec plus de tranquillité,
de prudence, de modestie, de
feruear, de douceur & d'efficace. C'est ce que l'experience vous
apprendra infailliblemét, si vous
estes fidelle à traiter & conuerser souuent auec nostre Seigneur
dans vostre interieur, durant que

vous eftes exterieurement auec
les hommes, ou que vous trauaillez. Enfin l'Image de Iefus-Chrift
& de fes Vertus s'imprimera fi
fortemét dans vôtre cœur, qu'elle effacera toutes les autres images, & les phantofmes qui vous
viennent du dehors de la part
des creatures difparoiftront à la
la feule veüe de Iefus-Chrift.

C'eft auffi le remede dont vous
vous feruirez contre les tentations & peines d'efprit, que de
vous retirer promptement au
fond de voftre cœur, aux pieds
de Iefus-Chrift, auec foy & confiance, vous tenant là en paix &
en repos fans vous inquieter, ny
vouloir combatre les mauuaifes
penfées à force de tefte, ce qui
fouuent les imprime encore plus
fortement dans l'imagination.

Voilà la Methode en general
de cette Oraifon, qu'il faut pratiquer fidellement tous les iours,
eftant le moyen de faire vn grand

progrez dans la perfection; & cela obligera nostre Seigneur à
prendre vn soin special de tout ce
qui vous regarde, lors qu'il verra
que tout vostre soin est de chercher son Royaume qui est au dedans de nous, selon cette parole
de S. Matthieu, *Cherchez premie-* Matth. 6.
rement le Royaume de Dieu, & tout
le reste vous arriuera.

LE DIMANCHE

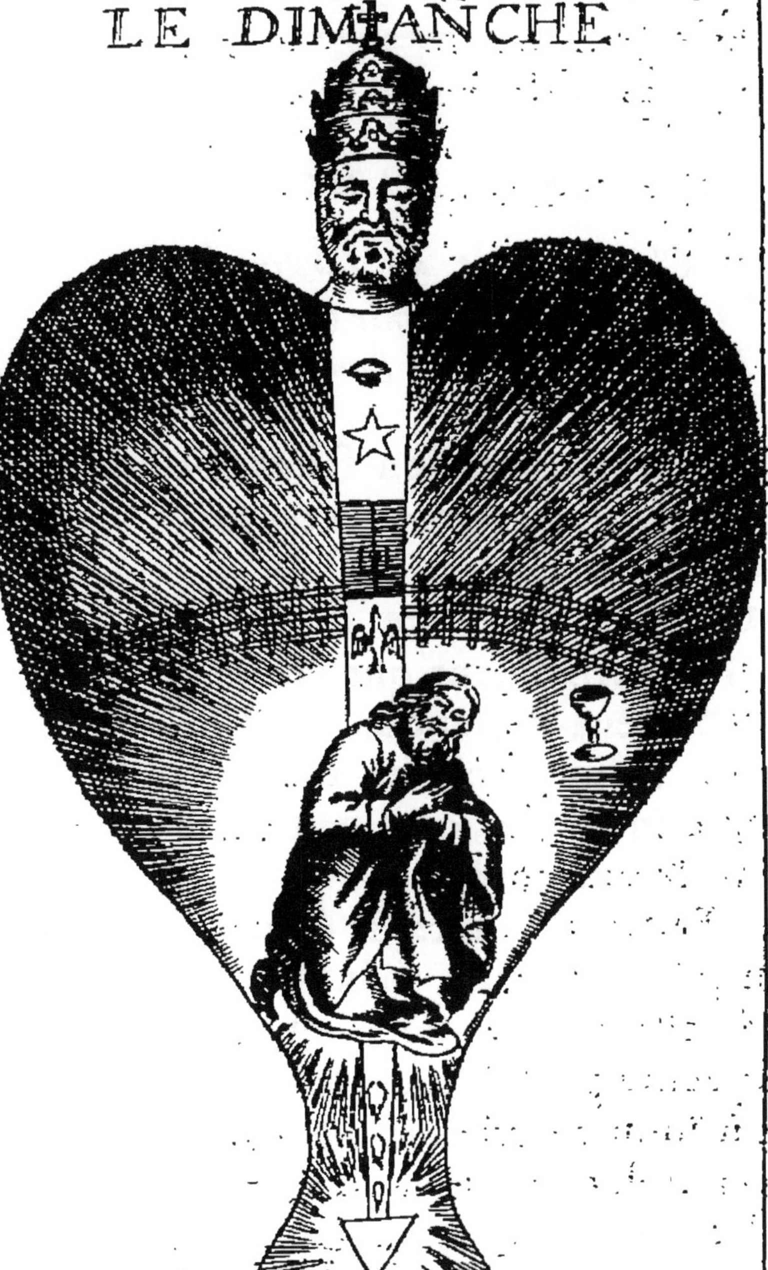

CHAPITRE II.

POVR LE DIMANCHE.

Iesus-Christ priant au Iardin des Oliues, reduit à l'agonie & suant d'vne sueur de Sang.

POur preparation faites les trois Actes interieurs suiuants briefuement.

1. Faites vn Acte de Foy, croyant fermement que Dieu est intimement present au fond de voftre cœur, comme dans vn temple interieur, où il veut eftre adoré & prié en efprit.

2. Faites vn Acte de Contrition ou d'humilité, en la veüe de la Majefté infinie de Dieu & de vos pechez par lefquels vous l'auez fi fouuent offenfé, & vous reconnoiffant indigne de conuerfer interieurement auec luy.

3. Demandez la grace au S.

Efprit qu'il vous introduife dans voftre interieur pour vous y recueillir & bien-faire voftre Oraifon, & inuoquez le fecours de la fainte Vierge, de S. Iofeph, de voftre Ange-Gardien & de tous les Sainéts & Anges du Paradis pour obtenir cette grace de Dieu, par leur interceffion.

Pour le corps de l'Oraifon, faites les fix chofes fuiuantes.

1. Baiffez modeftement vos yeux pour éuiter plus aifément les diftractions que peuuent cauſer les diuers objets fur lefquels la veüe fe porte.

2. Ouurez l'œil interieur de voftre Ame, pour regarder Iefus-Chrift priant, fuant Sang & eau, & accablé d'vne trifteffe extréme dans le jardin interieur de voftre cœur.

3. Priez le S. Efprit qu'il vous ouure la porte de ce jardin interieur auec la clef de fa grace, puifqu'il vous eft fermé par vos

pechez, qui vous rendent indigne d'y entrer & d'y conuerser auec luy, & qu'il éclaire voftre efprit pour y confiderer l'excés de l'amour, que Iefus Chrift agonizant a témoigné en ce Myftere.

4   Si le S. Efprit vous ouure & vous introduit dans ce jardin interieur de voftre cœur, entrez-y en efprit, & pefez attentiuement qui eft celuy que vous voyez dans vn fi trifte & pitoyable eftat, pour qui il fouffre cette trifteffe mortelle & cette agonie extrême; pourquoy il endure, & enfin combien il fouffre de peines interieures & exterieures; & pour vous les faire conceuoir plus aifément,

Confiderez que Iefus-Chrift ayant eu vn extrême defir d'eftre baptifé d'vn baptefme de Sang, pour effacer tous les pechez des hommes, fon heure étant venuë, aprés auoir laué les pieds à fes Apoftres & inftitué le tres-Saint

Sacrement, il sortit du Cœnacle,
& accompagné d'eux tous, à l'ex-
ception de Iudas (qui estoit allé
auertir les Princes des Iuifs du
lieu & de la maniere qu'on pourroit le prendre prisonnier) il pas-
sa par le Torrent de Cedron &
entra dans le jardin de Gethse-
mani qui estoit au pied de la
Montagne des Oliues, & ayant
choisi trois de ses Apostres pour
luy tenir compagnie durant qu'il
feroit son Oraison, & laissant les
autres au pied de la Montagne,
il s'éloigna de ces trois enuiron
d'vn jet de pierre, afin d'estre
plus solitaire & pour traiter seul
à seul auec son Pere Éternel de
la redemption de tous les hommes qui estoit attenduë depuis
tant de siecles, & qui luy deuoit
coûter tant de douleur & la vie
mesme.

Ce fut donc alors qu'il se mit à
genoux & s'estant prosterné contre terre deuant son Pere, comme
vn

vn criminel; il s'offrit comme vne
Victime pour satisfaire à la Iu-
stice diuine & reparer tous les
malheurs causez par le peché originel, par le prix de son Sang
Precieux. Voyez vn peu comme
il s'humilie & se resout à boire le
Calice amer de sa Passion iusques
à la derniere goutte, dans le dessein de satisfaire pour le peché
originel, commis par la superbe
& l'appetit déreglé du fruict defendu. Ah! que sa douleur fut
grande lors qu'il se representa
tous ces tourments horribles
qu'il deuoit souffrir comme pre-
sents & ineuitables : Le voilà
donc qui tombe par terre, accablé d'vne tristesse & agonie mortelle & qu'il suë du Sang en si
grande abondance qu'il en seroit
mort sur l'heure sans vn miracle
de sa Toute-puissance qui le soû-
tenoit pour en endurer bien dauantage : car son Ame fut tellement assaillie d'ennuy, de crain-

te & de tristesse qu'il resta sans
aucune consolation, ce qui luy
fit faire cette demande à son Pere, que s'il estoit possible il ne
beust point ce Calice amer de sa
Passion; cependant pressé du desir d'obeyr à son Pere, & de se
conformer à sa volonté, aussi
bien que de sauuer les hommes,
il se resout à souffrir la Mort auec
vn Cœur genereux, & à estre
mesme abandonné de son Pere
sur la Croix : & s'estant ainsi animé, il se leue & s'en va éueiller ses
trois Apostres qui dormoient, les
exhortant de veiller & de prier,
s'en va au deuant de Iudas qui
venoit auec des Soldats, reçoit
le baiser de ce traistre, & se laisse
prendre, lier, garotter & conduire comme vn Agneau qu'on
mene à la boucherie, sans se
plaindre ny murmurer.

C'est icy, qu'il faut vous approcher de ce doux Iesus agonizant, auec vn esprit recueilly dans

le centre de voſtre cœur, qu'il le
faut adorer, qu'il faut admirer
cét Amour exceſſif, cette Patience admirable, cette ſoûmiſſion
parfaite, cette Perſeuerance dans
l'Oraiſon, nonobſtant les ennuys
qu'il y ſouffrit.

Propoſez-vous d'eſtre plus genereux à perſeuerer dans l'Oraiſon que vous n'auez eſté par le
paſſé, quoy que vous n'y ſentiez
que des rebuts, des degouts, &
des ſechereſſes; Rendez graces à
ce diuin Sauueur de ce qu'il a
ſouffert pour vous, demandez
luy pardon d'auoir contribué par
tant de pechez que vous auez
commis, à luy faire ſouffrir ces
peines qu'il a enduré dans ſon
Ame; vniſſez-vous aux ſenti-
ments qu'il a eu de douleur pour
les pechez de tous les hommes,
promettez luy de ne renouueller
plus iamais ſa triſteſſe; offrez-
vous pour luy tenir compagnie
& le conſoler dans ſon Agonie en

vous retirant dans le secret de
voſtre cœur. Ce qui ſera autant
comme ſi dans le temps de ſes
douleurs vous l'euſſiez releué de
terre, & eſſuyé la ſueur qui cou-
loit de ſes ſacrez membres: Enfin
priés-le qu'il demeure dans vô-
-tre cœur comme dans vn lieu de
delices, qu'il en déracine tous les
vices qui luy déplaiſent, & qu'il
l'arrouſe de ſon precieux Sang,
pour luy faire porter des fruicts
dignes de la vie eternelle, & vous
entretenez auec luy par ces actes,
ou d'autres ſemblables que le S.
Eſprit vous ſuggerera.

Mais ſi le Sainct Eſprit ne vous
ouure pas la porte de ce jardin
interieur, tenez-vous attentif
interieurement à la porte, en eſprit d'humilité, faites quelques
Actes ou Colloques auec noſtre
Seigneur, quoy que vous ne puiſ-
ſiez vous le repreſenter; puiſque
cela n'eſt pas neceſſaire & qu'il
ſuffit d'auoir vne attention de

foy & amoureuse vers ce diuin object dans le jardin interieur de voûtre cœur. Priez le S. Esprit qu'il ait pitié de vous & reçeuéz cette priuation de consolation, auec resignation comme le Calice que Dieu veut que vous beuuiez pour son Amour.

Si voûtre esprit se distrait & se retire de son attention vers Iesus-Christ, il faut le rappeller doucement & le ramener à son object interieur autant de fois qu'il s'échappera & que vous vous en apperceurez sans vous inquieter ny vous gesner de ses extrauagances.

Pour la conclusion faites les choses suiuantes.

1. Remerciez noûtre Seigneur des graces qu'il vous a fait dans l'Oraison.

2. Demandez luy pardon de vos negligences, distractions & autres manquements que vous pourriez auoir commis.

3. Promettez-luy de le visiter

ſouuent durant le iour dans le
jardin interieur de voſtre cœur,
& de demeurer en ſa preſence.

Durant la Meſſe retirez-vous
dans voſtre cœur comme dans vn
jardin interieur, & vous y entretenez auec Ieſus - Chriſt affligé,
ennuyé, reduit à l'agonie pour
les pechez de tous les hommes;
particulierement depuis l'Offertoire iuſques à la Communion
du Preſtre.

Pendant la iournée viſitez ſouuent en eſprit, comme par exemple lors que l'Horloge ſonne,
Ieſus - Chriſt ſouffrant la triſteſſe, l'ennuy & les autres peines
interieures qu'il endure au jardin
des Oliues, & vous retirez dans
voſtre interieur comme dans vn
jardin myſtique où il ſe plaiſt
d'habiter, afin de luy tenir compagnie & luy compatir; que ce
ſoit comme vn bouquet ſpirituel
que vous flairerez, afin de vous
remplir de ſon eſprit.

Le soir auant souper taschez de prendre encore quelque peu de temps, comme d'vn quart d'heure, pour vous retirer dans vostre interieur & y conuerser auec nôtre Seigneur souffrant les peines qu'il a enduré dans le jardin des des Oliues, comme vous l'auez fait le matin.

Si la nuit vous vous réueillez au lieu d'occuper vostre esprit de plusieurs pensées inutiles rentrez dans vostre interieur & y traittez auec Iesus-Christ par la mesme methode.

Les iours suiuants vous pourrez mediter les autres mysteres de la Passion de nostre Seigneur, suiuant la mesme methode.

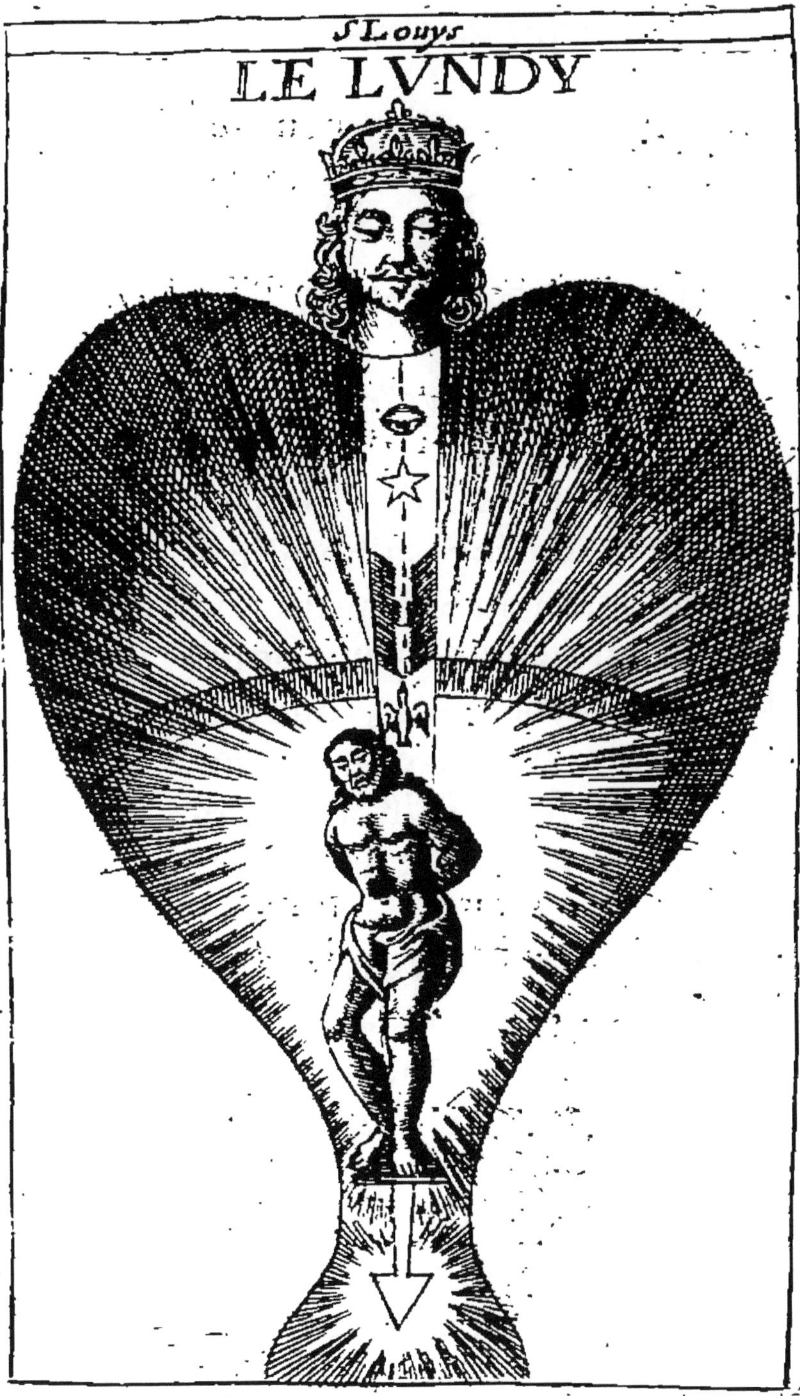

S Louys
LE LVNDY
S Louys

CHAPITRE III.

POVR LE LVNDY.

IESVS flagellé.

Faites les trois Actes prepa-
ratoires, de foy, d'humilité
& d'inuocation du S. Esprit.

Baissez vn peu vos yeux pour
euiter les distractions, ouurez
l'œil interieur de vôtre ame pour
considerer Iesus-Christ flagellé
dans la salle interieure de vostre
cœur.

Priez le Sainct Esprit qu'il vous
ouure la porte de cette salle; si le
Sainct Esprit vous ouure, entrez
auec vn esprit d'humilité, & considerez Iesus-Christ flagellé, &
lié tout nud à vne Colomne, au
milieu de la salle interieure de
vostre cœur. Voyez vn peu ce
Dieu qui est innocent, souffrant

pour vous qui estes le coupable,
les outrages qu'on luy fait, & la
cruauté qu'on exerce sur son
Corps; car Pilate ayant conneu
l'innocence de Iesus qui estoit ac-
cusé par les Iuifs & ne l'ayant pû
deliurer de leurs mains, encore
qu'il en cherchast tous les moyés,
protesta publiquement qu'il ne
le trouuoit point coupable de
mort comme ils le preténdoient,
mais pourtant voulant condes-
cendre vn peu à leurs intentions
& appaiser la rage que le diable
allumoit dans leurs cœurs contre
cét innocent Agneau, il le con-
damne à estre foüetté & l'aban-
donne pour cet effet entre les
mains des Soldats & des Bourreaux qui aussi-tost le traisnent
dans le Pretoire, luy ostent sa
robbe, le mettent tout nud &
l'attachent auec des cordes à vn
Posteau, au milieu de cette salle : ô Dieu quelle honte pour le
chaste Iesus, cét Espoux sacré

des Vierges de se voir ainsi exposé
tout nud deuant vn grand nombre de Soldats qui le mal-trait-
tent! cependant il souffre cette
confusion pour reparer tous les
pechez que vous auez commis en
la presence de Dieu, auec tant
d'effronterie : il veut bien estre
dépoüillé afin de reuestir vostre
ame de sa grace que vous auiez
perdu par vos pechez. Ah! que
vous auez de sujet de verser des
larmes en abódance dans la veüe
d'vn si pitoyable spectacle! Les
Anges respectent & adorent ce
sacré Corps, ce Corps virginal
vny hypostatiquement à la Diuinité, ce Fils vnique de Dieu,
& l'object des complaisances du
Pere Eternel, & voilà qu'il est
exposé aux railleries, aux iniures & aux mauuais-traitements
de ces miserables Soldats & Bourreaux inhumains ; & ce qui est
admirable, c'est qu'il souffre tout
cela auec vne patience heroïque,

afin que vous appreniez de son
exemple à souffrir toutes les iniures que vous font les hommes,
quoy que sans raison.

Cette flagellation fut encore
honteuse, parce qu'elle n'estoit
ordonnée que pour les gens de
neant & les esclaues : cependant
le Fils de Dieu, l'vnique heritier
de la gloire de son Pere, qui estát
libre estoit venu en terre pour
deliurer les hommes de la serui-
tude, ou ils estoient reduits par le
peché est traité comme vn mise-
rable & le dernier des hommes,
afin de leur meriter la liberté des
enfans de Dieu ; & si cette flagellation est si honteuse à Iesus-
Chrift, elle ne luy est pas moins
douloureuse ; car ces Bourreaux
pleins de fierté & de cruauté,
comme des tigres enragez, le
chargent de coups, les vns auec
des verges , les autres auec des
foüets faits auec des cordes
noüées, les autres auec des chaif-
nes

nes de fer, & sans aucune compassion ne cessent de battre &
déchirer en pieces ce precieux
Corps iusques à ce que les for-
ces leur manquent : ô combien
fut grande la douleur que souf-
frit ce doux Iesus dans ce suppli-
ce où il reçeut plus de cinq mille
coups?

Comment est-il possible que
vous regardiez vostre diuin Sauueur ainsi mal-traitté sans estre
touché de compassion : appro-
chez vous donc de luy tout couuert de Playes & de Sang, dépoüillé, à demy mort, lié à vne
Colomne, exposé à la rage des
Bourreaux, & adorez-le dans la
salle interieure de vostre cœur,
demandez luy pardon de tous
vos pechez, prosternez-vous en
esprit à ses pieds, baignez-vous
dans son precieux Sang, afin que
vous soyez laué de toutes vos
ordures, promettez luy que vous
éuiterez tout ce que vous sçaurés

qui luy déplaira, & enfin demandez luy vne grande pureté de
corps & d'ame.

Si le S. Esprit ne vous ouure
pas, humiliez-vous pour vos pechez, & particulieremét pour les
deshonneftes, fi vous en auez
commis, portez auec foûmiffion
cette priuation, & rendez à Iefus
flagellé les mefmes deuoirs par la
foy & en efprit, que vous feriez
fi vous le voyez fenfiblement.

Si voftre efprit s'éloigne de fon
attention interieure, ramenez-le
tout doucement toutes les fois
qu'il s'égarera vers Iefus flagellé, & fupportez patiemment les
diftractions qui eftants inuolon-
taires, ne déplaifent point à Dieu,
& ne vous peuuent nuire, mais
pluftoft vous feruir en vous fai-
fant exercer la Patience.

Auant de finir, faites les trois
Actes marquez cy - deffus pour
le Dimanche, Remerciez Dieu,
demandez luy pardon & faites

quelque resolution & promesse
suiuant les lumieres que Dieu
vous aura donné & les besoins
de voftre ame, que vous con-
noiftrez.

Enfin faites le mefme au temps
de la fainte Meffe fur le myftere
de la flagellation, que ce qui eft
marqué cy - deffus touchant la
priere de noftre Seigneur au jardin, & vifitez fouuent Iefus-
Chrift durant le iour, vous fouuenant de la penfée du myftere
qui vous aura le plus touché, que
vous pouuez flairer comme vn
agreable bonquet fpirituel, &
vous retirant de temps en temps,
comme quand l'horloge fonne,
au fonds de voftre ame pour y
conuerfer auec noftre Seigneur,
confideré dans le myftere que
vous auez medité le matin.

LE MARDY

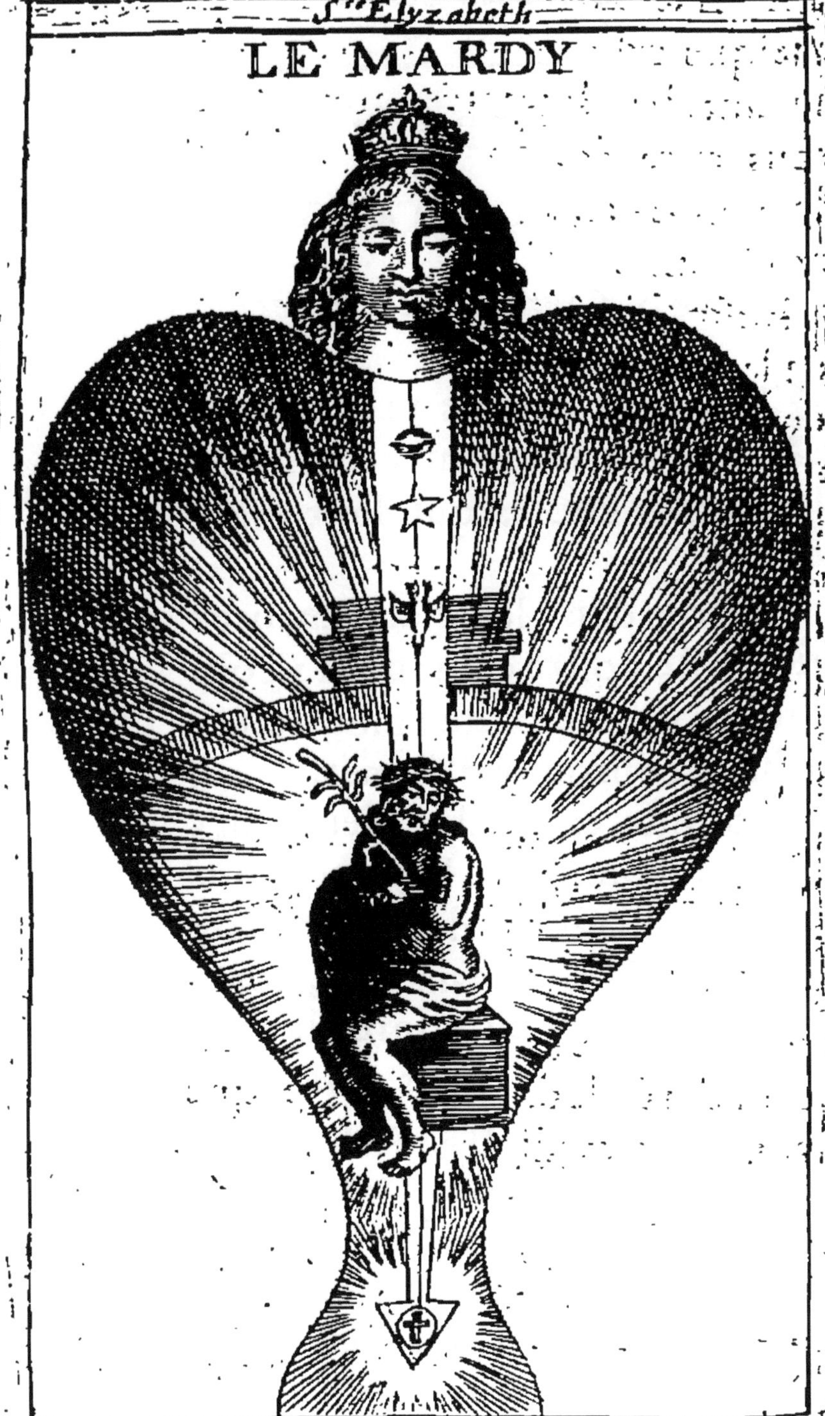

LE MARDY

CHAPITRE IV.

POVR LE MARDY.

IESVS Couronné d'Espines.

FAites la mesme preparation que les iours precedents & les autres choses qui sont marquées.

Entrez dans la Chambre interieure de vostre cœur pour y considerer des yeux de l'ame Iesus-Christ couronné d'épines.

Considerez nostre Seigneur, non pas comme vn Roy, couronné d'vn diadême de gloire, ny dans vn Trône de majesté, comme celuy où il est adoré dans le Ciel empyrée ; mais auec vne Couronne de tres-poignantes espines sur la teste, comme vne marque d'infamie dont les Iuifs cruels l'ont couronné n'étans pas contents d'auoir mis son Corps

F iij

tout en Sang par la flagellation.
Voyez comme ces miserables le
dépoüillent vne secõde fois de sa
robbe, ce qui luy renouuelle toutes ses playes, & le reuestent d'vn
méchant manteau d'écarlate, &
en cet estat le font asseoir sur vn
billot ou vne pierre & luy mettent sur la teste vne Couronne
d'épines tres-aiguës , dont les
pointes luy transpercent les tem-
pes & luy causent de grandes
douleurs. Voyez vn peu comme
le Sang découle de cette sacrée
teste sur le reste du Corps; comme par vn mépris extrême ils
traitent le Roy des Roys en guise
d'vn Roy de theatre & luy presentent vn roseau au lieu de Sceptre, se mocquants de luy & s'a-
genoüillants deuant luy par risée,
en disant, *Dieu vous gard le Roy
des Iuifs* ; comme ils luy ban-
dent en suite les yeux, luy don-
nent plusieurs soufflets, & cou-
urent sa face de vilains crachats,

luy difants, *deuine qui t'a frappé;* de maniere que celuy qui eft refpecté & adoré des Anges dans le Ciel, comme leur Souuerain, eft maintenant l'objeſt des opprobres d'vne miſerable trouppe de Soldats.

Que deuez-vous penſer ou dire à la veüe de Ieſus ainſi baffoüé & mal-traitté, vous qui l'auez tant de fois couronné d'épines aiguës, en l'offençant par vos vanitez? vous qui ayant honte de le ſuiure dans ſes humiliations, luy auez ſi ignominieuſement tourné le dos pour rechercher l'amitié & la faueur des Grands, en qui vous auez mis vos vaines eſpérances, au lieu de reconnoître Ieſus Chriſt pour vôtre veritable Roy & l'adorer dans voſtre cœur, mettant toute voſtre gloire & voſtre appuy en luy comme il le meritoit par de ſi iuſtes titres. N'eſt ce pas aux grands de la terre que conuient ce foible roſeau pour Sceptre, puiſque leur

Royaume eſt de ſi peu de durée,
& non pas à Ieſus-Chriſt dont le
Royaume ne finira iamais, & qui
regnera pendant toute l'eternité
ſur toutes les Monarchies de l'V-
niuers.

Reparez par des actes d'humilité les outrages qu'ont fait les
Iuifs à Ieſus-Chriſt en le couron-
ronnant d'épines ; confondez-
vous d'auoir ſi ſouuent craché
ſur ce diuin viſage par vos paroles deshonneſtes, demandez luy-
en pardon, & luy promettez dé
vous corriger de tous vos pechez : proſternez-vous ſouuent
en eſprit à ſes pieds pour l'adorer
aſſis dans le thrône de voſtre
cœur, quand le deſir de l'honneur & de l'eſtime vous ſollicite
à l'abandonner, & luy dites : *O
mon Dieu & mon Tout, vous eſtes
mon Roy!* & enfin ne faites eſtime
de rien en ce monde que de Ieſus-
Chriſt, & de ſes intereſts.

Si le Sainct-Eſprit ne vous introduit pas ſi-toſt dans la cham-

bre interieure de voftre cœur,
tenez-vous content, & faites
comme les Courtifans qui fe tien-
nent dans l'antichambre du Prin-
ce, iufques à ce qu'il luy plaife
leur donner audience, & faites
voftre cour à voftre diuin Roy
couronné d'épines pour voftre
amour, par quelques actes interieurs & vous rendant attentif à
fa diuine prefence.

Si vous vous ennuyez, ou que
vous foyez fort diftrait, ramenez
doucement voftre efprit vers ce
diuin Sauueur Couronné d'épines, & attendez qu'il plaife à fa
diuine Majefté vous donner audience.

Finiffez par les Actes marquez
cy-deffus pour la conclufion, &
rentrez dans voftre interieur au
temps de la Meffe, & fouuent durant le iour pour y confiderer
noftre Seigneur ayant la tefte
couronnée d'épines, rendez-luy
des hommages particuliers, auec
vne profonde humilité.

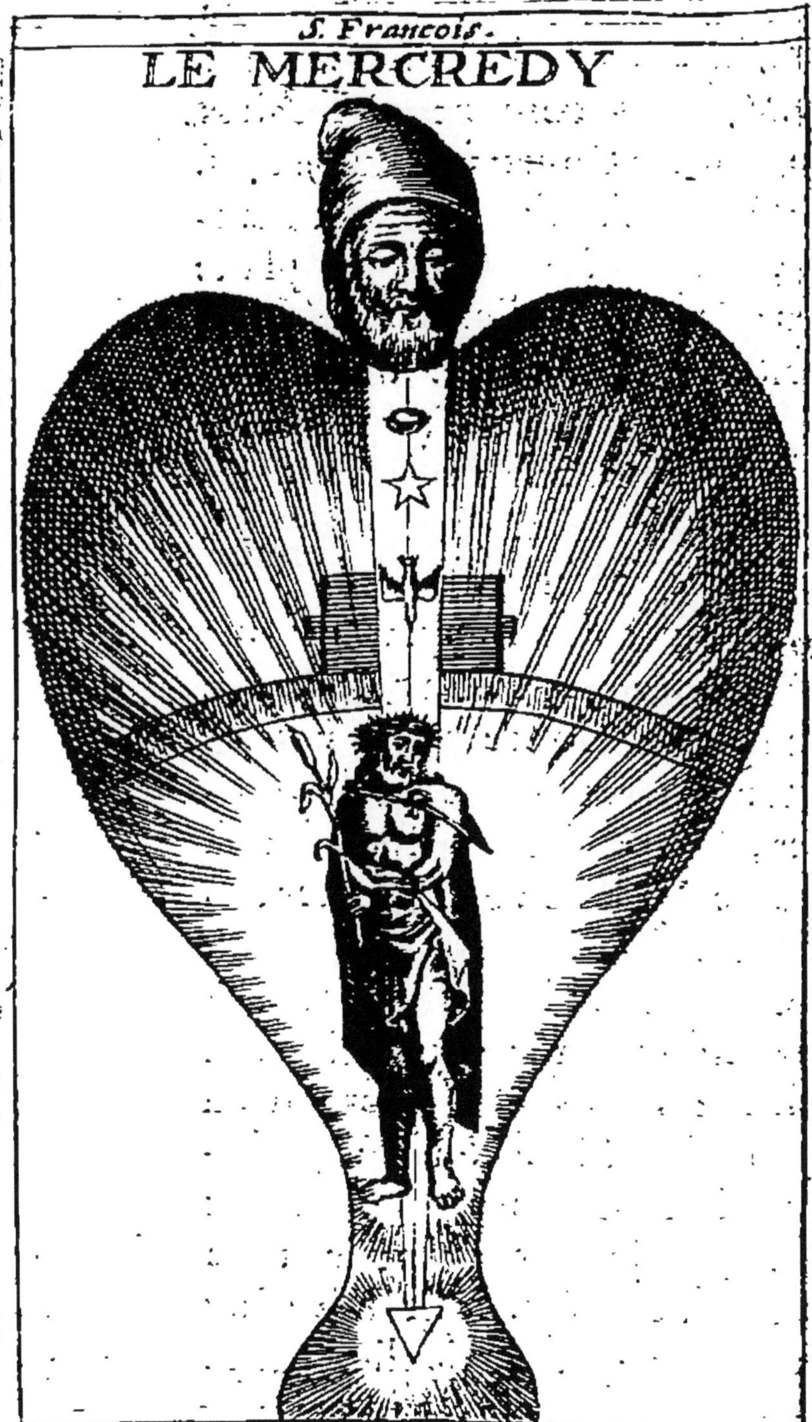

S. Francois.
LE MERCREDY

LE MERCREDY

CHAPITRE V.

POVR LE MERCREDY.

IESVS presenté au Peuple par Pilate, disant ces paroles, Ecce homo, & condamné à mort.

Faites la preparation comme cy-dessus.

COnsiderez dans l'auditoire interieur de voſtre cœur, comme Iesus-Chriſt que Pilate auoit fait flageller cruellement & couronner d'épines, afin que les Iuifs n'euſſent plus ſujet de craindre d'vn homme ſi defiguré & dans vn eſtat ſi pitoyable qu'il ſe fiſt leur Roy, fut mené dans vne loge du Palais, afin qu'il fuſt veu de tout le Peuple, & Pilate leur dit : *Voicy l'Homme* ; croyant par là les émouuoir à compaſſion ; mais helas ! la veüe de cet-

Homme de douleurs tout exte-
nué, tout couuert de playes &
baigné dãs son propre Sang, couuert d'vne robbe de pourpre, vn
roseau en main & vne couronne
d'épines sur la teste, paroissant
auec vne douceur & vne modestie toute diuine, eut peu d'effet sur ces cœurs endurcis, car
ils s'écrierent de nouueau tous
ensemble, *Nous ne voulons point
de Iesus, mais de Barrabas ; crucifiez-le, crucifiez-le*, preferants
ainsi la liberté d'vn Barrabas
meurtrier & digne de mort à l'innocence de Iesus, & d'autant
plus qu'estoient grandes les in-
stances du mesme Pilate pour
s'opposer à leur rage & détour-
ner leur fureur, d'autant plus s'é-
crioient-ils, *Que son Sang tombe
sur nous & sur nos enfans* ; c'est à
dire, que l'innocent meure &
que nostre obstination reste tein-
te de son Sang: Et ajoustoient encore des menaces à Pilate, luy
disants,

Ioan. 10.

difants, *fi vous le laiffez aller vous
n'eftes pas amy de Cæfar;* Iufques-
là Pilate auoit efté ferme, mais
la grande crainte de perdre les
bonnes-graces de l'Empereur, le
determina à prononcer la Sentence de mort contre l'innocent
Iefus. Il rentre donc dans le Pretoire & eftant affis dans fon tri-
bunal, il fait amener Iefus-Chrift
en fa prefence, & l'ayant condamné à eftre Crucifié, il l'a-
bandonne à la difcretion des
Iuifs, ou pluftoft à leur barba-
rie. Cette Sentence eftant portée contre le doux & innocent
Iefus, il n'en appelle point; mais
comme vn Agneau deftiné à la
mort, bien loin de s'en reffentir,
il l'accepte volontiers, & auec
vn filence modefte fans repren-
dre l'ininftice de ce Iuge, qui par
vne confideration Politique l'a-
uoit condamné à mort, fe foû-
met à fon jugement.

Auriez-vous bien vn cœur af-

G

sez dur à la veüe de ce spectacle,
pour n'en estre pas touché &
pour demeurer insensible aux
douleurs de vostre cher Sauueur?
Crirez-vous auec les Iuifs, Crucifiez-le, crucifiez-le, en l'éle-
uant derechef sur la Croix dans le
caluaire de vostre cœur. Rentrez
vn peu dans vostre interieur & là
touché de compassion enuers vôtre aimable Iesus, contemplez-
le dans ce mystere, pensez que ce
n'est pas Pilate qui vous presente
Iesus; mais le Pere Eternel : pensez que ce n'est pas Pilate, mais
Iesus qui vous dit, *Voicy l'Hom-*
me, qui par vn transport d'amour
qu'il a eu pour vous, a esté reduit
dans vn estat tel que vous le
voyez : c'est l'innocent & vous
estes le coupable, & cependant
le voila condamné à la mort, que
vous auez tant de fois meritée
par vos pechez; Voicy l'Homme
qui est adoré des Anges comme
leur Souuerain traité comme vn
criminel,

Adorez donc ce diuin IESVS
dans voftre interieur, remer-
ciez-le, & compatiffez à fes
douleurs. L'amour que ce Dieu
infiniment aimable a eu pour
vous a fait quitter les delices du
fiecle, l'amitié des hommes &
les honneurs du monde à tant de
Vierges, pour fe retirer dans les
Solitudes & les Cloiftres, pour
confacrer leur cœur à cet Efpoux
bien-aimé, & traitter auec luy
dans la folitude de leur cœur, à
l'imitation d'vne fainte Catherine de Sienne, d'vne fainte The-
refe, d'vne fainte Gertrude, d'v-
te fainte Claire, d'vne bien-heu-
reufe Catherine de Gennes & de
tant d'autres dont la vie a efté
vne continuelle côuerfation auec
Iefus-Chrift, fans laquelle la folitude exterieure des Cloiftres
fert de bien peu.

Si le Sainct-Efprit vous tient
la porte fermée, auoüez que vous
l'auez bien merité, ayant fouuent

crié auec les Iuifs contre Iesus
par vos pechez & vos desordres.
Crucifiez, crucifiez-le; Pleurez
les donc en sa presence, gemis-
sez, demandez instamment l'entrée, & lors que vous serez introduit apprenez à son exemple
à supporter tout ce que la malice
des hommes peut inuenter contre vous, sans vous plaindre. Et
donnez-vous de garde d'imiter
Pilate, qui se resolut à faire cru-
cifier Iesus-Christ par vn respect humain & de peur de dé-
plaire à Cesar, ou vn grand nombre de mondains qui crucifient
tous les iours Iesus-Christ dans
leurs cœurs de crainte de déplai-
re aux Grands de la terre qu'ils
preferent à Dieu & à leur con-
science quoy qu'ils leur com-
mandent des choses iniustes.

Si vostre esprit s'ennuye de se
tenir ainsi attentif à la consideration de Iesus exposé deuant les
Iuifs par Pilate, disant *Ecce Ho-*

mo, souffrez cet ennuy & ramenez-le doucement pour le regarder, puisque les Anges sont continuellement dans la contemplation de ce diuin objet sans se lasser, ny desister.

Finissez voitre Oraison comme les precedentes.

Visitez souuent durant le iour Iesus, *Ecce Homo*, dans le Pretoire interieur de votre cœur, afin que toutes vos actions exterieures soient parfaitement reglées.

S.te Therese
LE IEVDY

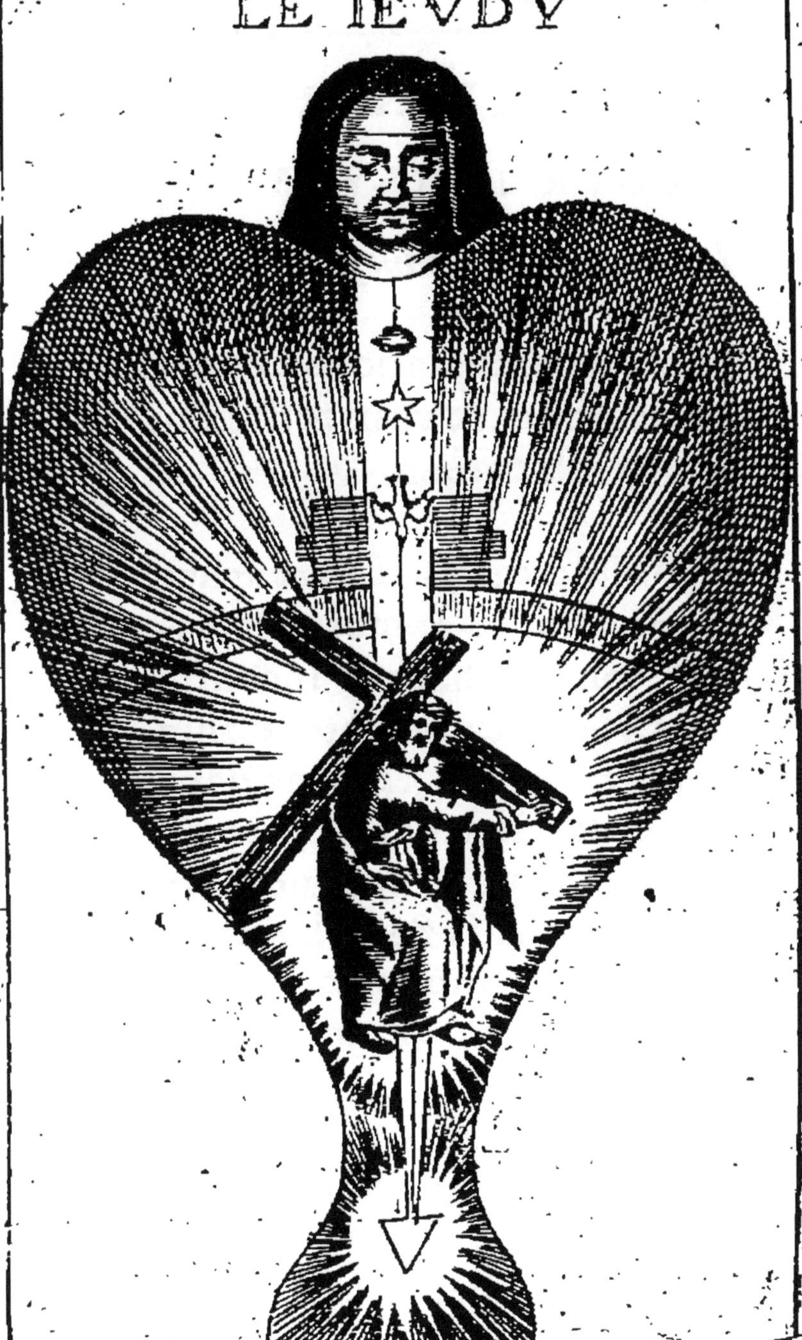

LE IEVDY

CHAPITRE VI.
POVR LE IEVDY.

Iesus-Christ portant sa Croix.

Faites les preparations comme les autres iours, & vous retirez au fond de voftre cœur.

COnfiderez que Pilate ayant condamné à mort Iefus-Chrift, on le chargea incontinent d'vne tres-pefante Croix qu'il pofta fur fes épaules dans les ruës de Hierufalem, aprés auoir receu vn grand nombre de playes dans fa flagellation & dans fon couronnement d'épines répandu vne grande quantité de Sang, & enfin fouffert plufieurs tourments pendant la nuiᵗ de la part des Soldats qui l'auoient mal-traité fans relâche, & fans luy donner aucun repos,

de maniere qu'eſtant tout exte-
nué & abbatu il tombóit ſouuent par terre, accablé de cette
Croix en montant à la montagne du Caluáire.

Conceuez de la tendreſſe pour
voſtre diuin Sauueur, le voyant
reduit en cet eſtat pitoyable, tant
à cauſe de ſa foibleſſe qu'à cauſe
des coups & des outrages qu'il
receuoit des Bourreaux, accom-
pagnez-le dans ce penible voyage & eſtant entré dans le caluaire interieur de voſtre cœur, con-
ſiderez-là toutes les circonſtan-
ces de ce tourment qu'il endure,
& paſſez iuſques à ſon cœur pour
y voir les ſentimens dont il eſtoit
animé portant ſa Croix le long
du chemin. Voyez comme il
prend cette Croix promptement
& la charge ſur ſes eſpaules pour
obeïr à ſon Pere qui le deſiroit,
comme vn autre Iſaac qui porte
le bois auec lequel il deuoit eſtre
ſacrifié par ſon pere Abraham, &

ce qui augmente le poids de cette Croix est que son Pere le charge de tous les pechez du monde.

Refléchiffez vn peu fur le courage & la ferueur auec laquelle il porte cette Croix à caufe de la ioye qu'il auoit d'aller bientoft donner fa vie pour le falut de tous les hommes : offrez-vous à luy pour porter les croix, tant interieures, qu'exterieures, qu'il plaira à Dieu vous enuoyer, auec toute la foûmiffion poffible & fans vous plaindre dans toutes vos croix, foit fpirituelles, foit corporelles, recourez en efprit à Iefus-Chrift portant fa Croix & par cette vnion elles deuiendront plus legeres, plus agreables à Dieu & d'vn plus grand merite. Aidez à Iefus par vne compaffion interieure à porter la fienne, & il foulagera le poids de la voftre, puifqu'il vous dit, *Venez à moy vous tous qui trauaillez & eftes chargez, & ie vous foulageray.* fai-

tes vne grande eftime de la pauureté de l'abjection, des douleurs, des maladies, puifque c'eft
là l'heritage de Iefus-Chrift &
par confequent d'vn Chreftien,
& quand vous vous trouuerez
chargé de croix, fouuenez-vous
d'enuifager Iefus-Chrift dans vôtre interieur qui vous inuite à le
fuiure & à les porter auec courage & auec ioye; & efcoutez ce
qu'il vous dit, *Celuy qui veut venir*
aprés moy, qu'il renonce à foy-mef-
me, qu'il porte fa croix & me fui-
ue: ah! qu'il s'en trouue beaucoup qui volótiers feroient compagnie à Iefus fur le Thabor &
diroient comme S. Pierre, *il nous*
eft bon d'eftre icy, mais qu'il s'en
trouue peu qui foient prefts de
le fuiure iufques au Caluaire!

Si le Sainct Efprit ne vous introduit pas dans voftre interieur,
c'eft-là la croix qui vous eft pre-
fentée à porter, receuez-la donc
de bon cœur, iufques à ce qu'il

plaise à Dieu en disposer autrement.

Si vous vous sentez fort distrait, retournez autant de fois à vostre interieur; si vous ne voulez estre exclus du Royaume de Dieu qui est en vous.

Finissez vostre Oraison à l'ordinaire, & visitez souuent durant le iour Iesus-Christ portant sa Croix.

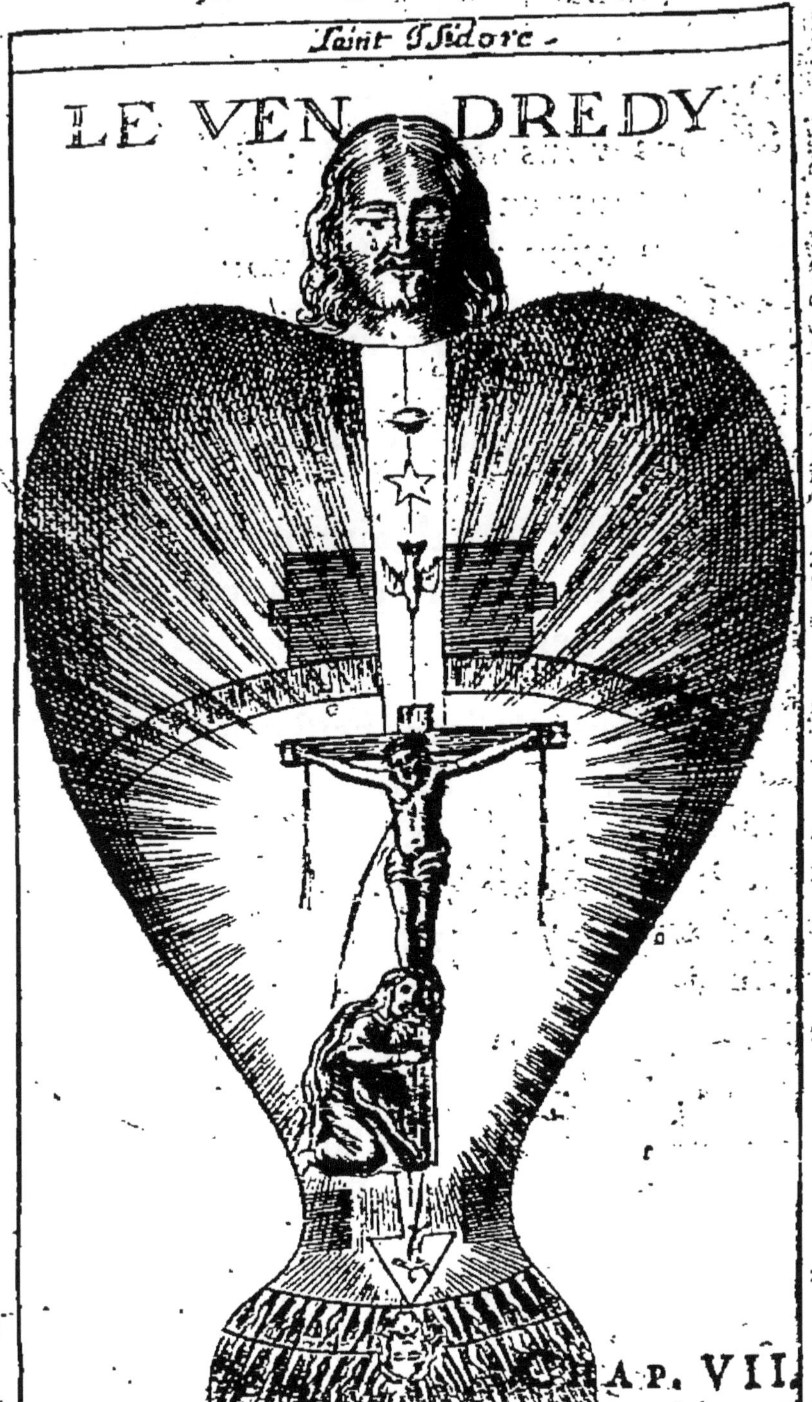
Saint Isidore.
LE VEN DREDY
Saint Isidore.
A P. VII.

CHAPITRE VII.

POVR LE VENDREDY.

IESVS en Croix.

Faites les preparations ordinaires.

Entrez dans le caluaire interieur de voftre cœur, & là auec
vn efprit recueilly,

COnfiderez Iefus-Chrift crucifié qui a efté donné à tous
les hommes pour vn exemple d'a-
mour & de patience fur le mont
de Caluaire, & comme tel regar-
dez-le dans l'interieur de voftre
cœur & voyez comme cet obeïf-
fant Ifaac ayant porté le bois de
fon fupplice iufques au Caluaire,
il y fut eftendu, afin d'y eftre con-
fommé du feu facré du Diuin
amour & immolé par le couteau
tranchant de la Iuftice de fon Pe-

re, fans qu'aucun Ange peuft ar-
refter ny la main, ny le coup qui
luy caufa la mort; Voyez vn peu
quelle confufion & douleur ce
diuin Sauueur receut, quand ces
cruels Bourreaux l'ayant déchar-
gé de ce pefant fardeau de la
Croix, ils ne le laifferent pas
long-temps en repos; mais re-
nouuellerent toutes fes playes en
le dépoüillant de fa robbe de
pourpre à laquelle s'eftoient col-
lez fes facrez membres à caufe du
Sang congelé, & l'expoferét hon-
teufement nud en plein iour fur
la montagne, à la veüe de plufieurs milliers de perfonnes qui
eftoient accourus en Hierufalem,
pour manger l'Agneau Pafchal,
qui eftoit la figure de cet Agneau
fans tache qui deuoit eftre immolé fur l'Autel de la Croix.

Admirez la modeftie, le filence & l'obeïffance de Iefus qui fe
laiffe eftendre les mains & les
pieds fur la Croix dés qu'on luy

ordonne, voyez quelle douleur
il souffre, lors qu'on veut faire
arriuer ses sacrez membres iufques aux troux qui auoient esté
faits sur la Croix, entendez vn
peu ces coups de marteau dont
on se sert pour transpercer les
pieds & les mains de voftre Sauueur auec de gros clous, ce qui
se fait auec tant de bruit & de
violence que le son en penetre
iusques aux oreilles de sa tres-
sainte Mere, dont le cœur estoit
tout transpercé de douleur à la
veüe des tourments que ces Bourreaux faisoient endurer à son
cher Fils ; Approchez-vous en
esprit de cette sacrée Vierge, &
luy demandez qu'elle imprime
dans vôtre cœur les playes de son
Fils bien aimé par vn sentiment
de compaffion à l'exemple de celle qu'elle eut sur le Caluaire à la
veüe des douleurs qu'il y enduroit. Enfin considerez qu'on éle-
ue la Croix, que Iesus l'Homme

de douleurs eſt ſouſtenu ſeulement ſur les playes de ſes pieds &
de ſes mains qui s'entrouurent
derechef lors qu'on enfonce en
terre la Croix, & combien cette
ſecouſſe luy eſt douloureuſe.

Retirez-vous donc dans voſtre
interieur, & vous arreſtez quelque temps en ſilence, en la pré-
ſence de voſtre diuin Sauueur
ſouffrant de ſi grandes douleurs
pour vos pechez, & aprés auoir
fait vn Acte de vraye contrition,
promettez-luy de ne plus renouueller ſes douleurs par vos ingra-
titudes & offenſes, & penſez que
ces playes ſeront toutes rayon-
nantes de clarté au iour du iuge-
ment pour reſioüir les iuſtes qui
ſe feront bien feruis de ſon Sang;
mais auſſi qu'elles ſeront comme
autant de foudres & de carreaux
pour écraſer les pecheurs qui au-
ront foulé ce Sang adorable par
leurs pechez. Ce ſont ces playes
qui ſont les trous de la pierre de

l'humanité de Iefus-Chrift , où
l'ame Chreftienne comme vne
chafte Colombe fe doit retirer en
efprit, afin d'éuiter les rufes du
Demon qui ne luy peut nuire
tant qu'elle fe tient renfermée
dans fon interieur, fans fe diffi-
per au dehors par les plaifirs des
fens ; & lors que vous aurez con-
fenty à quelque tentation, regar-
gardez Iefus-Chrift crucifié auec
douleur, vous y trouuerez voftre
guerifon comme autresfois les
Ifraëlites qui regardoient le Ser-
pent d'airain éleué dans le de-
fert, étoient gueris de leurs maux;
mettez toute voftre confiance en
Iefus-Chrift ; car s'il fouffre la
mort, c'eft pour donner la vie à
fes enfans, & ce Sang qu'il a ver-
fé iufques à la derniere goutte
réellement fur le Caluaire, eft encore capable de vous lauer de
vos pechez , fi vous vous appro-
chez en efprit dans le caluaire interieur de voftre cœur , des pieds

de Iesus-Chrift crucifié, auec toute humilité & vne grande douleur de les auoir commis, vous
tenant là comme vne autre Magdelaine. C'eft-là la pifcine facrée
dans laquelle il faut que voftre
ame foit lauée, pour deuenir net-
te & purifiée. Enfin faites quelques refolutions particulieres
de pratiquer la mortification
tant exterieure, qu'interieure
auec ferueur, afin d'acquerir
vn changement de vie, qui eft le
veritable fruit, que vous deuez
cueillir de la Meditation de Iefus
crucifié.

Si le Sainct-Efprit vous laiffe
dans l'aridité à la porte du caluaire interieur de voftre cœur,
tenez-vous y auec patience, vous
fouuenant que Iefus qui pouuoit
defcendre de la Croix où il eftoit
attaché, y a voulu demeurer parmy d'extremes douleurs & les
abandons de fon Pere, durant
l'efpace de trois heures iufques

à y rendre l'ame, & vous confor-
mez à voftre diuin Sauueur durant toute ce temps-là.

Si vous vous ennuyez, rap-
pellez voftre efprit fans vous inquieter, à fon objet, dans l'affeu-
rance que Iefus crucifié vous don-
nera part à fon efprit.

Finiffez voftre Oraifon comme
à l'ordinaire.

Pour le bouquet fpirituel prenez Iefus crucifié & à l'exemple
de faint François d'Affife, fainte
Catherine de Sienne, fainte Magdelaine de Pazzi, de la Bien-
heureufe Claire de Montefalco,
& de plufieurs autres, regardez-
le fouuent au milieu de voftre
cœur.

Durant la Meffe, le foir auant
fouper, & quand l'heure fonne,
occupez vous de Iefus crucifié,
comme le matin, adorez-le & iettez de frequentes œillades vers
luy comme autant de fléches d'a-
mour qui percent fon cœur.

LE SAMEDY

CHAPITRE VIII.

POVR LE SAMEDY.

IESVS estant mort & descendu de la Croix est mis entre les bras de la sainte Vierge & enseuely.

Faites vos preparations ordires, & priez le S. Esprit de vous aider à entrer dans vostre interieur, & s'il vous y donne entrée,

Considerez que la Prouidence diuine pour la consolalation de la sainte Vierge inspira à Ioseph d'Arimathie qui estoit vn Disciple caché de Iesus Christ, d'aller demander aux Iuifs le Corps-mort de Iesus. Ce qui luy ayant esté accordé, on le descendit de la Croix, on retira les clous de ses pieds & de ses mains, & on le mit entre les bras de la sainte Vierge comme vn fa-

cré dépoft , Elle l'ayant regar-
dé tout couuert de Sang , tout
déchiré & defiguré , fentit fon
cœur tranfpercé de douleur,dont
elle feroit morte fur l'heure fi la
vie ne luy auoit efté conferuée
miraculeufement. Quand elle
l'eut, elle le baifa , l'effuya de fes
larmes, le conferua comme vn
bouquet de Myrrhe dans fon fein
& recueillit le Sang qui en cou-
loit encore comme vn precieux
trefor : les autres Maries, auec
Iofeph d'Arimathie & Nicode-
me luy tinrent compagnie dans
cette extrême affliction où elle
eftoit reduite.

Rentrez en vous mefme, & vnif-
fez-vous aux fentiments de cette
Mere affligée , approchez-vous
de ce facré Corps , baifez ces
Playes qu'il a enduré pour voftre
falut ; priez-la qu'elle offre ce
Corps precieux de fon Fils , auec
tout fon Sang , fes Playes , fes
douleurs & fes opprobres au Pe-

re Eternel, afin qu'il vous accorde le pardon de vos pechez par
les merites du Fils, & l'interceffion de la Mere, tenez luy compagnie & rendez-luy tous les of-
fices de pieté que l'amour vous
pourra suggerer, priez-la qu'elle
choisisse vostre cœur pour son
tombeau & qu'elle y renferme
son Fils, afin que le visitant souuent, vous vous y enseuelissiez
spirituellement auec eux & mou-
riez à tous les vains honneurs, aux
plaisirs & aux biens de ce monde, selon l'auis de l'Apostre, *Vous*
estes morts & vostre vie est cachée
auec Iesus-Christ en Dieu. Vous
trouuerez dans ce sepulchre interieur auec Iesus-Christ mort vn
germe de vie, de grace & de
gloire eternelle qu'il a promis à
ceux qui mediteront sa Passion,
imiteront ses vertus & porteront
leur croix ; car comme dit nostre
Seigneur, si le grain de froment
ne meurt, lors qu'il est tombé en

terre, il eſt inutile; mais s'il meurt,
il apporte beaucoup de fruit.

Si vous trouuez la porte de ce
ſepulchre interieur fermée, priés
la ſainte Vierge qu'elle vous l'ouure, afin d'y rendre vos deuoirs
à Ieſus mort & enſeuely : ſi vous
eſtes diſtrait, ramenés doucement
vôſtre eſprit à ce meſme objet.

Pour bouquet ſpirituel prenez
Ieſus mort & ſa ſainte Mere affligée, iettez quelques œillades interieures ſouuent auec deuotion
durant le iour vers eux, ſpeciale-
ment quand l'heure ſonne.

Enfin durant la Meſſe occupez
vous du meſme myſtere.

On aiouſte les trois Meditations ſui-
uantes, afin de donner aux ames déſireu-
ſes de faire vne retraite de dix iours dequoy s'occuper interieurement durant ce
temps-là, d'autant qu'on peut prendre,
non ſeulement les Myſteres de la Paſſion
de noſtre Seigneur, mais auſſi tous les
autres Myſteres, pour s'en ſeruir dans
l'Oraiſon, ſuiuant cette methode.

Les Figures des Chapitres ſuiuants,
ſont au commencement du Liure.

CHAP. IX.

CHAPITRE IX.

IESVS Naiſſant.

Faites les preparations ordinaires & entrez dans la créche interieure de voſtre cœur.

COnſiderez que l'heure étant
venuë dans laquelle le Verbe Eternel deuoit ſe reueſtir de
chair pour le ſalut du genre humain, il s'incarna dans le Ventre
de la ſainte Vierge par l'operation du Sainct-Eſprit, & le temps
de neuf-mois eſtant écoulé, ſans
que cette tres-pure Vierge euſt
perdu ſa Virginité, il prît Naiſ-
ſance dans vne eſtable qui ſeruoit
de retraite aux beſtes, dautant
qu'il ne s'eſtoit point trouué
d'hoſtellerie dans Bethleem où
on vouluſt loger la ſainte Vierge
& S. Ioſeph.

I

Aussi-tost que ce diuin Enfant
parut au monde, il fut receu entre les bras de sa sainte Mere, qui
aprés mille baisers de tendresse,
le mit sur du foin, & l'adora comme son Dieu, le couurit de pauures petits langes, n'ayant pas de
quoy subuenir à la necessité de
son Enfant dans vne saison si ru-
de, & le coucha dans vne man-
geoire entre vn bœuf & vn asne,
afin qu'ils échauffassent vn peu
ses membres delicats par leurs
haleines.

Regardez comme S. Ioseph à
l'imitation de la sainte Vierge, se
mit à genoux, adora cét enfant
nouueau-né auec vne ioye indi-
cible de son cœur & luy témoigna l'excez de son amour par plusieurs marques de tendresse.

Voyez comme les Anges rauis
d'vne telle merueille descendent
du Ciel pour venir adorer leur
Roy nouueau-né & chantent a-
uec des transports de ioye ces

paroles *, Gloire soit à Dieu dans les Cieux, & Paix soit dans la Terre aux hommes de bonne volonté.* Les vns vont auertir les Pasteurs qui gardoient leurs troupeaux dans les campagnes : qu'il leur est né vn nouueau Roy, qui est le Sauueur du monde, & eux aussi-tost se mettent en chemin pour venir l'adorer & luy offrir leurs cœurs, & ce que leur pauureté leur pouuoit permettre, les autres vont en diuerses contrées de l'Orient pour en donner la nouuelle aux Roys Mages, qui aussi-tost que l'étoille leur paroît, se mettent en voyage & viennent auec des presens adorer leur Roy nouuelle-ment né & se prosternants dans l'étable à ses pieds, luy presentent de l'or, de l'encens, & de la myr-rhe pour l'honorer sous ces trois qualitez de Roy, de Prestre, & d'homme mortel.

Prosternez-vous auec ces Roys deuant ce diuin Enfant, rendez

luy vos refpects dans la créche
interieure de voftre cœur, entrez
dans fes fentiments d'humilité,
de pauureté & de patience, vnif-
fez-vous aux difpofitions de la
fainte Vierge, de S. Iofeph, des
Anges, des Bergers, & de ces
Roys Mages qui quittent leurs
Palais & leur Pays pour venir re-
connoiftre leur Souuerain & luy
rendre leurs hommages, offrez-
luy l'or de l'amour, l'encens de
l'Oraifon & la myrrhe de la mortification.

Faites la conclufion de voftre
Oraifon à l'ordinaire & vifitez
fouuent durant le iour Iefus enfant dans le fond de voftre cœur,
& durant la Meffe, faites le mefme fur ce myftere que les autres
iours.

CHAPITRE X.

*Iesus-Christ instituant le tres-saint
Sacrement de l'Autel.*

Faites les preparations ordinaires & entrez dans le cœnacle
interieur de voſtre cœur.

Onſiderez que Ieſus-Chriſt
aprés auoir laué les pieds à
ſes Apoſtres, & fait la derniere
Cene auec eux, comme il les auoit
aimé durant ſa vie, il voulut encore leur témoigner l'excez de
ſon amour, auant que de les quitter, & pour vne marque au-
thentique leur laiſſer ſon Corps,
ſon Ame & ſon Sang, & tous les
threſors de ſa diuinité: c'eſt pourquoy il inſtitua le tres-Saint Sacrement de l'Autel, comme vne
memoire de ſa Mort & Paſſion,
comme vn precieux gage de la
vie eternelle, & enfin comme

vne source inépuisable de graces
pour tous ceux qui voudroient
s'en seruir iusques à la côsomma-
tion des siecles, & non seulement
il l'institua pour y estre adoré & y
receuoir nos respects ; mais aussi
pour y estre nostre nourriture,
afin de s'vnir à nous de la maniere la plus estroite qu'il est possible de s'imaginer en cette vie, &
ce qui surpasse toute la portée de
l'esprit humain est qu'il pre-
uoyoit bien que dans ce Sacrement il souffriroit mille affronts
de la part des Infidelles, des He-
retiques, des Sorciers, des Athées
& des mauuais Chrestiens par
leurs irreuerences, profanations,
impietez, sacrileges & indignes
Communions.

Adorez la bonté infinie de Iesus-
Christ pour les hommes dans
l'institution du S. Sacrement, re-
merciez-le de ce qu'il vous a fait
si souuent la grace d'en approcher ; confondez-vous pour tou-

tes les irreuerences, immodesties
& profanations que vous auez
fait de ce mystere d'amour, admirez la patience auec laquelle il
souffre toutes les iniures & les
outrages qu'on luy fait tous les
iours, & prenez resolution de
l'honorer de tout vostre cœur &
de procurer, selon vôtre possible,
qu'il soit honoré en tous lieux &
en toute sorte de manieres.

Si vostre esprit se distrait ou
s'ennuye, ramenez-le doucement vers ce Dieu caché dans cet
Auguste-Sacrement & vous te-
nez-là en sa presence en esprit de
foy pure.

Conclnez vostre Oraison à l'ordinaire, & prenez pour bouquet
spirituel & suiet d'entretien durant le iour, Iesus-Christ donnant son Corps sous les apparen-
ces du pain au tres-saint Sacrement pour estre adoré des Fidelles & pour leur seruir de nourriture.

CHAPITRE XI.

Dieu consideré dans l'unité de son Essence & dans la Trinité des Personnes.

Faites les preparations ordinaires & entrez autant que le S. Esprit vous le permettra dans le ciel interieur de vostre cœur.

COnsiderez que Dieu qui n'a qu'vne seule Essence quoy qu'il soit en trois Personnes veut estre adoré dans le temple de vôtre cœur, & que c'est le lieu dans lequel il veut conuerser auec vous ; & c'est dequoy l'Apostre veut parler quand il dit, *Nostre conuersation est dans le Ciel :* & S. Augustin ajouste que ce ciel pù par l'oraison on doit traiter auec la diuine Majesté ; c'est le cœur des Fidelles.

August. ser. 44 *de tempore.*

Retirez-vous donc dans ce
temple ou ciel interieur de voſtre
ame, adorez en eſprit cette ineffable Trinité, preſentez aux trois
Perſonnes diuines vos hommages & ſacrifices interieurs, offrez-
leur les trois puiſſances de voſtre
ame, voſtre memoire au Pere
Eternel, voſtre entendement au
Fils & voſtre volonté au S. Eſprit;
priez-les qu'ils les ſanctifient &
qu'ils les poſſedent continuellement; confondez-vous d'auoir
tant fait d'eſtime & de vous eſtre
tellement occupé iuſques à preſent des biens, des honneurs &
des plaiſirs de ce monde exterieur, au lieu de rechercher le
bien, l'honneur & le contente-
ment qui ſe trouue à conuerſer
auec Dieu dans voſtre interieur,
déplorez l'aueuglement de la
pluſpart des hommes & entre
autres des Sçauans qui pouuants
ioüir de Dieu par vne amoureuſe
contemplation dans le fond de

leur ame comme dans vn ciel empyrée, ne l'y cherchent pas, &
sçachant beaucoup de choses ne
se connoissent pas eux-mesmes &
negligent la possession du tresor
des vrayes consolations qui est
caché dans leur cœur.

Finissez vostre oraison comme à l'ordinaire, & durant la
Messe aussi bien qu'à diuers téps
de la iournée, prenez pour objet de vostre entretien & de vos
visites intérieures, la tres-sainte
Trinité residente dans l'ame du
iuste comme dans sa demeure.

Ce que nous auons dit de cette
methode d'oraison & les diuerses considerations & affections
que nous auons donné sur les
principaux Mysteres, suffiront
pour introduire l'ame Chrestienne qui desire tout de bon estre à
Dieu & acquerir l'vnion auec
Iesus-Christ dans la pratique de
l'oraison, c'est au Sainct Esprit
grand Maistre de l'oraison à faire

le reste, & à luy enseigner ce que
ny les Liures ny les Hommes par
leurs discours ne peuuent faire,
& si elle est fidelle de son costé à
se recüeillir interieurement auec
Iesus-Christ dans le fond de son
cœur, & perseuerer auec simpli-
cité dans l'oraison; il ne man-
quera pas du sien à acheuer en
elle l'ouurage qu'elle auoit com-
mencé auec le secours de sa grace. C'est dans cette vie interieure
qu'on gouste les vrayes delices
& qu'on trouue vn auant-goust
du Paradis, il n'est point besoin
pour cela de changer d'estat ny
de condition; car cette vie doit
estre commune à toute sorte de
personnes pour rendre leurs
actions plus saintes, plus parfai-
tes & plus interieures: ce qui s'ac-
quiert par l'vnion à Iesus-Christ
crucifié contemplé en esprit comme objet de foy dans l'interieur.
Il ne faut que se bastir vn oratoire secret & interieur & s'y re-

tirer en tout temps, en tout lieu
& en toute occaſion pour y conuerſer auec I. Chriſt qui eſt l'aimable hoſte de noſtre cœur dans
l'oraiſon & hors le temps d'icelle,
pour y faire diuers retours à Ieſus-
Chriſt par diuers actes jaculatoi-
res d'adoration, d'amour, de confiance & autres, car lors qu'on
eſt aſſailly des ennemis du ſalut,
quand on eſt tenté de la part du
monde, du diable ou de la chair;
quand on ſe trouue abbatu par
les afflictions Ieſus-Chriſt eſt le
conſolateur; quand on eſt abandonné de ſes amis, il fait l'office du meilleur amy: enfin on peut
dire que Ieſus-Chriſt eſt tout en
toutes choſes, ſelon S. Paul, *Om-*
nia in omnibus Chriſtus : il doit eſtre
noſtre vnique azile dans nos be-
ſoins, noſtre lumiere dans les affaires & embarras de cette vie,
noſtre guide dans les voyages,
noſtre recours dans les compa-
gnies, il faut que noſtre cœur
ſoit

soit comme vn Tabernacle, dans
lequel comme vn autre Moyse
nous nous retirons spirituellement deuant l'Arche du Nouueau Testament qui est Iesus-
Christ, pour y puiser les lumieres
necessaires pour nostre conduite
& celle des autres.

Il y a des ames que Dieu attire
plus auant, & à qui il a dessein
de se communiquer plus familierement dans l'Oraison, lesquel-
les pourront prendre auis d'vn
Directeur sage & éclairé dans les
voyes interieures; car toute sorte de methodes ne conuiennent
pas à toute sorte de personnes, &
les voyes & conduites de Dieu
sur les ames, sont fort differentes, il y a eu plusieurs Liures
composez sur cette matiere qui
pourront beaucoup aider ceux
qui serót plus auancez dans l'O-
raison ; & quoy qu'on conseille cette methode que plusieurs
Saincts ont pratiqué, on ne blas-

me point les autres qui sont toutes bonnes, pourueu qu'elles me-
nent à Dieu.

Et quoy qu'on donne icy des
sujets pour mediter assez au lóg,
on ne pretend pas que les ames
s'y astreignent veu que le Sainct-
Esprit souuent attire les ames
aprés qu'elle ont esté fidelles durant quelque temps à se retirer
interieurement vers l'objet de
leur ame qui est nostre Seigneur,
& alors il faut qu'elles quittent
l'objet pour acquiescer à l'attrait
& suiure la touche de ce diuin
esprit qui les attire doucement &
imperceptiblement au dedans,
quoy qu'elles ne sentent n'y ne
voyent rien de distinct ; car la
Methode humaine doit ceder à
la diuine.

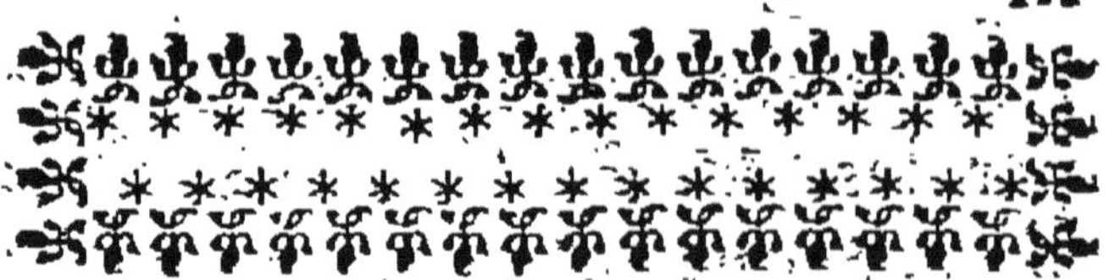

L'ORATOIRE DV CŒVR.

TROISIESME PARTIE.

CHAPITRE PREMIER.

Explication des Images contenuës dans ce Liure.

A premiere Figure represente Iesus-Christ en Croix, comme le parfait Maistre de l'Oraison mentale; de qui on doit apprendre comme il faut prier, car comme dit S. Matthieu, *Vôtre vnique Maistre c'est Iesus-Christ,* & saint Luc rapporte que

Matth. 23.

Luc. 11.

K ij

les Apoſtres luy addreſſerent ces paroles, *Maiſtre! apprenez-nous à prier,* & que noſtre Seigneur leur reſpondit, *Quand vous prierez, entrez dans voſtre chambre, & la porte eſtant fermée, priez voſtre Pere en ſecret.* Cette chambre ſelon le ſentiment des Sainɩs Peres, n'eſt autre choſe que nôtre cœur, qui eſt repreſenté comme fermé, l'vn du coſté de l'Eccleſiaſtique, & l'autre du coſté du Laïque: c'eſt là ſelon le ſentiment du deuot Thomas à Kempis, que Ieſus enſeigne à ſes Diſciples la ſcience du ſalut & de la vie interieure: *O ſi Ieſus crucifié, dit-il, venoit dans noſtre cœur, que nous ſerions bientoſt & ſuffiſamment ſçauants!*

2. Par le cœur dans lequel eſt repreſenté l'Enfant Ieſus, il nous eſt ſignifié que nous pouuons conſiderer Ieſus enfant dans nôtre cœur, comme dans vne créche interieure, & dans l'autre cœur où eſt repreſentée la tres,

De Imit. Chriſti l. 1. cap. 25.

sainte Trinité, que nous pouuons contempler dans nostre
cœur les trois personnes diuines
qui y font specialement leur demeure, & que c'eft-là où les ames
qui font attirées à ce myftere, doiuent s'y appliquer; car c'eft-là
l'échelle de Iacob, au haut de laquelle on trouue le Pere Eternel,
suiuant ce que dit S. Gregoire,
par ces paroles, *l'ame se represen-*
te soy-mesme comme vne certaine
eschelle par laquelle montant des
choses exterieures, elle passe en soy,
& de soy en Dieu.

Lib. 5. Mo-
ral. in cap.
4. Iob.

3. Par les fept Myfteres de la
Paffion de nostre Seigneur re-
prefentez dans les fept cœurs on
donne differents fujets aux ames
qui s'addonnent à l'oraifon pour
s'occuper durant les fept iours de
la Semaine, quoy qu'on laiffe à la
deuotió d'vn chacun de prendre
quel Myftere de la Vie ou de la
Mort de nostre Seigneur ou quelque autre que ce foit pour s'entretenir auec Dieu.   K iij

4. Les sept Testes differentes signifient que comme nostre Seigneur est mort pour toute sorte de personnes de quelque condition qu'elles soient, il est à propos aussi que toute sorte de personnes se souuiennent de la Passion de Iesus-Christ & la meditent dans l'interieur de leur cœur à l'exemple des Saints & Saintes qui sont representées, tant afin de témoigner leur reconnoissance à Iesus-Christ que pour appliquer à leurs ames les merites de cette Mort & Passion, dautant que par l'oraison & particulierement faite sur la Passion de Iesus-Christ, le Sang du Sauueur découle dans les ames auec grande abondance.

5. Le Triangle & la face du Pere Eternel qui est au fond des cœurs signifient que comme nôtre ame est vn temple, selon le dire de l'Apostre, *le temple saint de Dieu que vous estes,* dans lequel la sainte Trinité fait sa de-

meure, comme l'asseure l'Euangile, *Nous viendrons à luy & demeurerons chez luy*, nous deuons comme de vrays adorateurs y entrer en esprit pour y adorer & prier nostre Pere celeste, dautant que comme dit S. Augustin, *Si vous voulez prier dans le temple, priez en vous mesme.*

Auguſt. in Ioa. tr. 15.

6. La voye blanche & lumineuse qui va depuis la teste, par le milieu du cœur, iusques au triangle de la diuinité, represente le veritable chemin par lequel nostre esprit va à Dieu, auec les aisles de la contemplation en se recueillant au fond du cœur où Dieu est l'objet immediat de nôtre contemplation qui n'est autre qu'vne éleuation d'esprit à Dieu & elle se fait en entrant dans soy-mesme, c'est-là où on doit recourir, c'est-là le moyen de s'vnir à Dieu tres-intimement, c'est-là où il faut le chercher.

7. Iesus-Christ souffrant & re-

preſenté dans les diuers myſteres
au milieu de la voye, ſignifie que
comme on ne peut pas arriuer au
terme ſans paſſer par le chemin
qui y conduit, ainſi nous ne pouuons aller à Dieu & nous vnir
à luy dans noſtre interieur que
par le moyen de Ieſus-Chriſt nôtre Mediateur, comme nous l'aſ-
1. Tim. c 5. ſeure S. Paul par ces paroles,
il n'y a qu'vn Dieu, il n'y a qu'vn
Mediateur entre Dieu & les hom-
mes à ſçauoir Ieſus-Chriſt Homme-
Dieu, & noſtre Seigneur meſme
par la bouche de S. Iean, *Ie ſuis,*
Ioan 4. dit il, *la voye, la verité & la vie.*

8. Le Sainct-Eſprit mis à la
porte des cœurs, ſignifie que cô-
me Ieſus-Chriſt nous conduit à
ſon Pere Eternel & nous mani-
feſte ſa diuine face dans le ciel
de noſtre ame, auſſi l'office du S.
eſprit eſt de nous introduire dans
noſtre cœur, & de nous y manife-
ſter IESVS-CHRIST, comme
il nous l'aſſeure luy meſme, *Il me*

manifestera & rendra témoignage
de moy, & pour nous conduire à
Iesus-Christ & nous enseigner à
prier noftre Pere, l'Apoftre nous
dit, *que Dieu son Pere a envoyé
l'efprit de fon Fils dans nos cœurs,
qui crie, mon Pere.* En effet fi nous
ne pouuons pas fans l'aide du S.
Efprit, prononcer le Sainct Nom
de Iesus, comment pourrons-
nous nous approcher & nous
vnir à Iesus dans noftre interieur
fans ce mefme fecours, c'eft pourquoy S. Paul dit, *que l'Efprit de
Dieu nous foulage & nous aide dans
nos foibleffes, car nous ne fçauons
ce que nous deuons demãder à Dieu,
pour le prier comme il faut, mais le
Sainct-Efprit luy-mefme prie pour
nous par des gemiffements ineffables.*
Or il faut remarquer que dãs les
deux premiers cœurs le S. Efprit
eft hors de la porte du cœur pour
faire connoiftre qu'il opere peu
dans les cœurs des commẽçants,
& leur ouure rarement la porte,

Ioan. 16.

Galat. 4.

Rom. 8.

mais dans le troisiefme cœur &
les fuiuants, l'ame ayant efté fidelle & perfeuerante, toute la
porte luy eft ouuerte & elle eft
introduite dans l'interieur où elle trouue Iefus-Chrift & par luy
s'vnit intimement à Dieu.

9. Les yeux modeftement baiffez des Sainéts qui font au deffus
des cœurs, font connoiftre la modeftie auec laquelle on fe doit
comporter en l'oraifon à l'égard
des yeux, pour éuiter les diftra-
étions que caufent les objets
qu'on regarde de cofté & d'autre,
& qui détournent l'efprit de fon
attention interieure à IESVS-
CHRIST. Et c'eft cette porte
qu'il faut fermer, quand on prie,
felon la parole de nôtre Seigneur,
comme nous l'affeure Albert le
Grand : *Il faut*, dit-il, *que l'ame*
ferme en quelque maniere fes yeux
& fes fens, & fe retire totalement en
foy-mefme, pour n'y regarder aucun
autre objet que I. Chrift fouffrant.

Lib. de ad-
har. Deo,
cap. 2.

10. L'œil interieur qui eſt au haut du cœur, ſignifie qu'il ne ſuffit pas d'auoir retiré l'eſprit de pluſieurs occupations & objets exterieurs ; mais qu'il faut encore luy donner vn objet interieur à conſiderer au fond du cœur pour exercer doucement ſon actiuité par des conſiderations, affections & actes interieurs qu'on produit au fond du cœur vers noſtre Seigneur qui eſt l'objet le plus noble, le plus digne, & le plus aimable qu'on puiſſe auoir en cette vie & en l'autre ; car c'eſt vne oiſiueté coupable de retirer ſon eſprit des occupations & bons objets exterieurs, ſi on ne l'applique interieurement à Dieu. Ce repos de l'ame eſt bon, mais il faut qu'il preſuppoſe l'action du S. Eſprit qui l'attiré par les douceurs de ſa grace à Ieſus-Chriſt, au fond du cœur, d'où vient qu'auant d'eſtre ainſi attiré, il faut s'occuper quoy que dou

cement vers noftre Seigneur dans
fon interieur, de maniere pourtant que quelquesfois on inter-
rompe fon operation propre, en
fe tenant fimplement attentifs
pour donner lieu au S. Efprit,
dont il faut fuiure l'attrait, lors
qu'il nous tire à noftre interieur;
& il le fait lors que nous le luy de-
mandons ardemment, que nous
fommes perfeuerants dans noftre
attention en efprit de foy & d'a-
mour à nôtre Seigneur, fans nous
fatiguer pour nous le reprefenter
fenfiblement.

11. L'eftoille qui eft au deffous
de l'œil, fignifie que comme les
yeux corporels ne peuuent voir
les objets de ce monde exterieur,
s'ils ne font éclairez de la lumiere
du Soleil, ou de quelque autre; de
mefme l'œil interieur de l'ame
qui eft l'efprit, ne peut confiderer
comme il faut, fon objet qui eft
Iefus-Chrift dans le monde interieur de noftre cœur, s'il n'eft

éclairé

éclairé d'vne lumiere surnaturel-
le qui n'est autre que celle de la
foy, par laquelle IESVS-CHRIST
demeure dans nos cœurs, selon
le sentiment du grand Apostre
parlant aux Ephesiens, *Iesus-* *Ephes. 4.*
Christ demeure par la foy dans vos
cœurs : car il n'y est pas réellement selon son humanité, mais
seulement par grace & comme
objet de foy, c'est donc cette lumiere de foy qui est representée
par cette Estoille qui conduisit
les trois Roys Mages à la créche
pour y adorer Iesus-Christ le
Roy des Roys nouuellement né;
parce que le propre de cette
Estoille mystique de la foy est
d'éclairer & conduire les trois
Puissances de l'ame au recueillement interieur pour y trouuer Iesus-Christ naissant, souffrant, ou dans les autres mystères
de sa Vie, ou de sa Mort & Passion.

L

CHAPITRE II.

L'explication particuliere des Por-
tes representées dans les Figures.

1. **L**A porte qui est dans les
cœurs vers le milieu, nous
signifie que D i e v ayant mis
Adam dans la possession de deux
Paradis, dont l'vn estoit exterieur, l'autre interieur, l'vn cor-
porel, l'autre spirituel, duquel
s'il se fust bien seruy, il auroit esté
transporté en corps & en ame
dans le Ciel empyrée pour y iouïr
d'vn troisiesme Paradis à sçauoir
de celuy de la gloire, il abusa de
cette possession & transgressa le
commandemét de Dieu en man-
geant du fruit defendu, ce qui
ne fut pas plustost arriué qu'il
esprouua les remords de sa con-
science, & voulant entrer en soy-
mesme pour iouïr du Paradis in-

terieur & fpirituel dans le fonds
de fon cœur, dont il ioüiſſoit
auparauant que d'auoir perdu la
juſtice originelle, il trouua la porte fermée, & s'en trouua chaſ-
ſé & exilé auſſi bien que du Paradis exterieur & agreable dans
lequel Dieu l'auoit mis, & ainſi
reſta ſans eſperance de pouuoir
iamais ioüir du Paradis de la
gloire dans le Ciel.

Mais Dieu infiniment bon
ayãt égard à la fragilité humaine
ſe reſolut de le retirer de ſa perte
& de remettre tous les hommes
dans le premier eſtat dont eſtoit
décheu Adam par ſon peché : &
pour cet effet le Verbe Eternel
s'eſt incarné dans la plenitude
des temps, pour deliurer l'homme de l'eſclauage du demon, du
peché & des ſens & le remettre
dans la Poſſeſſion de ce Paradis
interieur de la grace & de la preſence de Dieu dans ſon interieur,
& enſuite de la gloire du Paradis,

Et comme Adam auoit perdu en
pechant la ioüiſſance du Paradis
interieur de ſon cœur par le plai-
ſir ſenſuel qu'il prit dans les choſes exterieures, le Fils de Dieu ſe
faiſant Homme n'a pas voulu remettre les hommes dans la poſſeſſion des delices du Paradis exterieur, dans lequel ils ſe ſeroient
arreſtez comme le premier homme ; mais au contraire il a preſ-
ché & d'exemple & de parole, le
mépris & l'abandon des plaiſirs
ſenſuels, & meſme leur a voulu
meriter par les prodigieux tourments & douleurs de ſa Paſſion,
le retour, l'entrée & la poſſeſſion de Dieu dans le Paradis de
la Grace qui eſt leur cœur, &
aprés cette vie dans le Paradis de
la gloire ; c'eſt pourquoy pour
enſeigner aux hommes comment
ils doiuent retourner dans ce
Royaume de Dieu qui eſt dans
nous, & les remettre dans la poſſeſſion des delices de ce Paradis

interieur dont la porte a esté pre-
mierement fermée par le peché
originel, & puis par tous les pechez actuels, on leur conseille
d'enuisager souuent Iesus-Christ
crucifié par les merites duquel
la porte de ce paradis interieur
leur est ouuerte, & où ils sont
introduits par le Sainct-Esprit
dispensateur de toutes les graces,
s'ils sont fidelles à mortifier leurs
sens & leurs passions, s'ils s'éloi-
gnent de monde exterieur qui les
trompe & dont l'affection leur
empesche le goust des delices spirituelles de la diuinité dans leurs
cœurs qu'ils éprouueroient dans
l'oraison & le recueillement interieur, comme le montre saint
Gregoire par ces paroles, *Il y a*   S. *Gregor.*
grande difference entre les delices   *homil.* 36.
du corps & celles du cœur, & dans   *in Luc.*
vn autre lieu sur ces paroles du
Prophete, goustez & voyez combien le Seigneur est doux, *com-*
me s'il disoit ouuertement: Vous ne

connoiſſez pas la ſuauité, ſi vous ne
la gouſtez ; mais touchez cette nourriture de vie du Palais de voſtre
cœur, afin que vous l'aimiez ſen-
tant ſa douceur. Or l'homme a perdu ces delices lors qu'il a peché dans
le Paradis, il eſt ſorty au dehors lors
qu'il a fermé la bouche à cette vian-
de d'vne douceur exterieure. Et
plus bas. *Et parce que nous ne voulons pas gouſter interieurement cette
douceur qui nous eſt preparée, nous
aimons mieux miſerables que nous
ſommes, noſtre faim exterieure :
d'où nous pouuons colliger que
la cauſe pour laquelle nous re-
cherchons les plaiſirs de nos ſens
& nous attachons aux creatures ; c'eſt parce que nous ne pre-
nons pas peine à gouſter les delices diuines dans le Paradis interieur de noſtre cœur par l'oraiſon & la contemplation de Ieſus-
Chriſt crucifié,*

  2. Les portes des trois premiers cœurs repreſentées diuer-

sément signifient les trois differents estats des personnes qui
font l'oraison, à sçauoir des commençants, des profitans, & des
parfaits.

La premiere porte fermée qui
est au premier cœur, signifie que
le Sainct Esprit n'a pas encore
ouuert aux commençants la porte de la chambre interieure de
leur cœur, pour y traiter auec nôtre Seigneur, il ne faut pas pour
cela qu'ils perdent courage; mais
ils doiuent auoir patience & at-
tendre à la porte, demeurants attentifs doucement à Iesus-Christ
dans leur interieur; quoy qu'il se
cache à eux, il faut qu'ils soûpi-
pirent, & qu'ils forment des desirs frequents d'estre introduits:
& tost ou tard on leur ouurira;
puisque N. S. dit dans S. Luc,
frappez à la porte & elle vous sera Luc. 11.
ouuerte. Le S. Esprit differe quelquesfois d'ouurir cette porte
pour éprouuer la fidelité, l'amour

& la constance de l'ame, & quelquesfois pour la punir de ce qu'elle a souuent fait la sourde oreille aux semonces de son diuin Espoux, lors qu'il frappoit à la porte de son cœur par ses inspirations secretes ; c'est pourquoy il faut qu'elle deteste ses infidelitez passées, qu'elle en demande pardon ; & puis attende qu'il luy ouure, car il dit dans S. Iean, *Ie ne chasseray point dehors celuy qui vient à moy.*

La seconde porte à demy ouuerte du second cœur represente comme le Sainct Esprit donne quelque ouuerture à l'ame aprés qu'elle a durant quelque temps soûpiré, demandé & attendu auec perseuerance & resignation qu'on luy ouure : & par cette ouuerture elle entreuoit la face diuine de son bien-aimé caché dans le cabinet secret de son cœur, la beauté duquel la charme tellement qu'elle se resout à perseue-

rer dans l'oraison & son attention interieure iusques à la mort,
pour iouïr de l'aimable presence
& de l'amoureuse conuersation
de Iesus son Bien-aimé & pouuoir vn iour auoir la consolation
de dire auec l'Espouse des Cantiques, *I'ay trouué celuy que mon
cœur aime, ie le tiens & ie ne le
laisseray point aller*. Ces ouuertu-
res & ces entreueües sont dans
cet estat foibles & de peu de durée, la porte estant encore souuent fermée.

La troisiesme porte toute ouuerte du troisiesme cœur & des
suiuants, represente comme ceux
qui sont parfaits, aprés auoir esté
fideles dans les deux premiers
estats, trouuent enfin la porte de
cette chambre interieure pour
l'ordinaire ouuerte & ont grande facilité à se recueillir interieurement par le moyen de la grace
du S. Esprit qui attire l'ame à
Dieu dans l'intime de son cœur,

presque toutes les fois qu'elle se
met à faire oraison : Car quoy
que quelquefois Dieu se cache à
elle , cette vie estant vn temps
d'exil , neantmoins pour l'ordinaire quand elle est morte au
monde & à soy-mesme, elle iouït
tranquillement de cette vie cachée auec Iesus-Christ en Dieu
dans la solitude de son cœur.

3. Les deux clefs cachées dans
la serrure des portes signifient
que pour entrer auec IESVS-
CHRIST crucifié dans le cabinet du cœur, il faut deux clefs
pour en ouurir la porte ; la premiere est la clef de la grace ; la
seconde est celle de la coopera-
tion de l'ame à la grace, par la
recollection interieure. Le S.
Esprit qui est le diuin portier de
ce cabinet de la Diuinité tient
en sa disposition la clef de la
grace, auec laquelle il ouure à
qui il veut,& ferme à qui il veut:
l'ame d'vn autre costé tient la

clef de l'oraifon & de la coope-
ration à la grace qu'elle doit mettre fouuent à la ferrûre de la porte de fon cœur en fe retirant au
dedans de foy ; & c'eft ce que
veut dire l'Apoftre par ces paro-
les, *I'ay trauaillé plus que tous les*   1.Cor.c.15
autres , non pas moy toutesfois , mais
la grace de Dieu qui eft auec moy.

CHAPITRE III.

Suitte de l'explication des Figures
contenuës en ce Liure.

LE filet d'or qui vient de la
tefte par le milieu de la voye
interieure & finit dans le triangle de la Diuinité au plus intime
du cœur , fignifie que Dieu eft
prefent au milieu de noftre cœur
comme le centre intime & fpirituel où noftre efprit fe rend,
car comme toutes les lignes d'vn
cercle viennent de la circonfe-

rence à leur centre, ainsi noſtre
eſprit doit s'éloigner de la cir-
conference du monde exterieur
& des ſens pour s'vnir à Dieu qui
eſt ſon centre & ſon repos; c'eſt
pourquoy on voit que les perſonnes interieures & recueillies
viuent dans vne ſi grande paix,
& n'ont point l'eſprit troublé ny
inquieté comme les autres : car
cette maniere d'oraiſon donne
du repos à l'eſprit aprés qu'il a
fatigué dans les affaires & occupations exterieures, & qu'il re-
tourne de ſon actiuité à l'vnion
auec ſon Dieu, ce que ne fait pas
l'oraiſon accompagnée de rai-
ſonnement qui pluſtoſt bleſſe la
teſte à pluſieurs.

2. Ce filet repreſente encore
la vertu ſecrette de noſtre Seigneur qui eſt dans l'intime du
cœur, laquelle tire à ſoy l'eſprit
pour ſe l'vnir, comme l'aymant
tire le fer par vne vertu occulte,
quand on y apporte les diſpoſi-
tions

tions neceſſaires , car comme afin
que l'aimant attire le fer ; il faut. 1.
que le fer ſoit poly & fort net. 2.
il faut qu'il n'y ait point de corps
entre deux , 3. qu'il ſoit à vne
diſtance raiſonnable , 4. qu'il
ſoit proche & bien expoſé, ſans
qu'on le remuë , de meſme , afin
que l'eſprit ſoit tiré & vny à ſon
objeẗ dans le fond du cœur , il
faut que l'ame ſoit pure & net-
te du peché. 2. qu'il n'y ait point
d'intereſt propre entre Dieu &
l'ame dans l'oraiſon. 3. que l'eſprit
ne s'éloigne pas volontairement
de Dieu par les objets exterieurs
qui le diſſipent & par les diſtra-
ctions ; mais qu'il ſoit attentif
à enuiſager ſon objet interieur,
ſans ſe remuer trop par des con-
ſidérations , actes ou reflexions
trop multipliées : ce qui n'em-
peſche pas que les puiſſances n'o,
perent moderément, & ainſi l'a-
me ſe ſentira attirée auec ſuauité
à l'vnion auec ſon Bien-aimé : &

M

pour l'obtenir plus aisément elle
doit dire quelquesfois comme
l'Epouse des Cantiques à son Espoux, *Tirez-moy aprés vous*, car
comme on ne peut aller au Pere,
que par le Fils, aussi ne peut-on
aller au Fils si on n'est tiré par le
Pere. Or le Pere nous attire par
le Sainct-Esprit, & ainsi toute
la sainte Trinité opere dans vne
ame : Et cet attrait est quelquesfois sensible & quelquesfois non,
il est insensible en sa substance,
puisque c'est la grace, mais il est
sensible par ses effets & opera-
tions, comme plusieurs Saints
l'ont experimenté, & plusieurs
Ames fidelles l'experimentent
tous les iours qui se sentent ti-
rées au fond de leur cœur ; c'est
ce que nostre Seigneur dist à la
Bien-heureuse Angele de Foligny, comme il est rapporté dans
sa Vie, *Si quelqu'vn vouloit me
sentir dans le fond de son cœur, ie
ne me cacherois point à luy, & s'il*

Cant. 1.

Au ch. 33.

vouloit me parler, ou s'entretenir
auec moy, ie luy parlerois & m'entretiendrois auec luy, auec grande
ioye. Et plus bas, & c'est ce que
Dieu desire de ses Esleus, les ayant
appellé pour le sentir dans le fond de
leurs cœurs, & y conuerser auec
eux familierement.

3. Le mesme filet represente
l'attrait par lequel le Sainct-
Esprit conduit l'ame à Iesvs-
Christ & de Iesvs-Christ
à la diuinité au fond du cœur;
sur quoy il faut remarquer que
l'ame n'a point cet attrait dans
le premier degré; dans le second
il n'est pas continué, par ce que
cet attrait dans cet estat est interrompu, & dans le troisiesme
il est continué aussi bien que
dans les autres, par ce que dans
l'estat des Parfaits il est presque
continuel, & alors l'ame n'a qu'à
le suiure, comme dit Dauid. *Adhæsit anima mea post te,* c'est à dire, *Mon ame s'est attachée à vous.* *Psal. 61.*

M ij

4. Les flammes du S. Esprit
signifient les trois Vertus , de
Foy, d'Esperance & de Charité
infuses dans l'ame au Baptesme
& que nous deuons exercer dans
nôtre interieur en nous y recueillant , car c'est là où Dieu comme
le Soleil de la diuinité éclaire ceux
qui s'exposent deuant luy.

5. La porte des sens qui est au
sixiesme cœur, & les deux autres
portes interieures signifient les
trois differents estats de l'ame ; le
premier est de distraction quand
l'esprit se dissipe par les yeux &
les autres sens exterieurs qui s'oc-
cupent de leurs objets , auec attaché, ou par les especes qui se
forment dans l'imagination ; le
second estat est de recueillement,
quand l'ame est attirée du Sainct-
Esprit dans son interieur vers
Iesvs-Christ qui l'éclaire
de sa diuine lumiere , lors qu'elle
se retire dans ce monde interieur
pour traiter auec luy ; le troisies-

me eſt celuy de l'intime vnion
auec Dieu, qui ſe fait quand l'a-
me recueillie eſt attirée de Dieu
dans l'interieur par vne grace extraordinaire, où par l'infuſion de
ſes dons : c'eſt pourquoy la diuinité eſt repreſentée dans le fond
du cœur. Cet eſtat n'eſt pas ordi-
nairement permanent & on ne
doit pas trop l'ambitióner, mais ſe
cótenter de ſa grace, car Dieu eſt li-
beral enuers ceux qu'il luy plaiſt.

6. L'ame rauie dans les trois
cercles auec les autres abyſmées
dans la lumiere de la diuinité au
ſixieſme cœur, repreſente ſaint
Paul rauy iuſques au troiſieſme
ciel, & éleué à la Viſion de la
ſainte Trinité, & l'ame abſtraite
de ſes ſens & toute recueillie
dans ſon interieur qui eſt tirée
par vne grace extraordinaire &
comme rauie dans la diuinité repreſentée par ce triangle, & dans
la gloire repreſentée par ces Anges & Bien-heureux; de manie-

re qu'elle ne sçait presque plus si elle est dans vn corps, ou dehors.

7. L'ame recueillie comme vne Magdelaine aux pieds de I E S V S crucifié, signifie que l'ame qui est en Oraison, doit tousiours se tenir au plus bas lieu & aux pieds de Iesvs crucifié, qui est la place d'vn Pecheur contrit & humilié, iusques à ce qu'il luy plaise l'éleuer à la sacrée playe de son costé, & l'approcher de son cœur en luy disant, *leuez-vous mon amie, ma colombe, montrez-moy vostre face dans les trous de la pierre ;* c'est pourquoy S. Paul bien qu'il eust esté rempli de lumieres tres sublimes, ne preschoit que IESVS-CHRIST crucifié & ne se glorifioit point de sçauoir autre chose que IESVS, & I E S V S crucifié.

8. La face du Pere Eternel au fond du septiesme cœur, signifie que l'ame doit presenter au Pere Eternel la sainte humanité de I E S V S-CHRIST toutecouuer-

te de playes par les mains de la sainte Vierge , afin que par les merites de la Mort de son Fils , il luy accorde toutes les graces dont elle a besoin.

9. Le demy cercle qui est au milieu de tous les cœurs, represente vne haye qui est à l'entrée de la châbre interieure du cœur, qu'il faut passer pour contempler les Mysteres de IESVS-CHRIST dans son cœur, comme si c'estoit le lieu où s'operent ces Mysteres, comme la Creche, le Thabor, le jardin des Oliues , le Caluaire , &c.

F I N.

Approbations des Docteurs.

IE soubs-signé Docteur en la sainte Theologie de la Faculté de Paris, certifie auoir leu vn Liure intitulé *L'Oratoire du Cœur, &c.* imprimé autresfois en feüille sous le Titre de *Methode facile à toute sorte de personnes pour faire Oraison auec Iesus-Christ au fond du Cœur,* composé par M. le Gall. Docteur en Theologie & Curé de Seruel au Dio-

cese de Treguier, que i'auois approuué
auec M. de MEVR Docteur de Sorbonne. Et declare que ie n'ay rien trouué
dans le present Liure qui ne soit tres-
conforme à la Foy Orthodoxe; Au contraire qu'il est plein d'erudition & pieté, & propose vne addresse tres-ailée à
l'Oraison de recueillement. Fait à Paris
ce 12. Mars 1670.   L. BAIL.

IE soubs-signé Docteur en Theologie de la sacrée Faculté de Rome,
certifie auoir leu vn Liure intitulé *L'O-
ratoire du Cœur*, ou *Methode facile pour
faire Oraison auec Iesus-Christ au fond du
Cœur*, par M. de *Querdu le Gall Docteur
en Theologie & Curé de Seruel au Diocese
de Treguier*, dans lequel ie n'ay rien
trouué que de tres-conforme aux sentiments de l'Eglise Catholique, Apo-
stolique & Romaine, & aux bonnes
mœurs; I'y ay remarqué vne doctrine
solide, & dont la pratique me semble
estre vn moyen tres-efficace pour imprimer dans les ames les vertus Chré-
stiennes, ne tendant qu'à leur faire acquerir l'vnion auec Iesus-Christ crucifié, par le recueillement interieur &
la contemplation d'vn Dieu souffrant
en qui sont cachez tous les thresors de
la Sagesse & de la science de Dieu. Fait
à Paris ce 12. Mars 1670.
                THIERSAVLT.

TABLE DES CHAPITRES.

PREMIERE PARTIE.

Des trois Principes sur lesquels est fondée l'Oraison Mentale ou le recueillement interieur qui se fait auec Iesvs-Christ au fond du Cœur.

CHAPITRE PREMIER.

Attestation de Monsieur Grandin.

I'Ay leu vn Ouurage intitulé *l'Oratoire du Cœur, ou Methode facile pour faire Oraison auec Iesus-Christ au fond du
Cœur.* Fait ce 30. Ianvier 1670.

M. GRANDIN.

Permission d'Imprimer.

PAr Permission de M. le Lieutenant
de Police du 30. Ianvier 1670. Il
est permis à PIERRE DE BRESCHE
ET IACQVES DE LAIZE-DE-
BRESCHE Imprimeurs & Marchands
Libraires à Paris, d'imprimer vn Liure
intitulé *L'Oratoire du Cœur, ou Methode
facile pour faire Oraison auec Iesus-Christ,
contemplé en esprit au fond du Cœur dans
les Mysteres de sa Passion,* enrichis de
huict Figures en taille douce, qu'il auroit cy-deuant imprimé en vne grande
fucille : Et deffences sont faites à tous
autres de le contrefaire, vendre & de-
biter d'autres qu'aux dits susnommiez,
à peine de deux cens liures d'amende.

Signé, DE LA REYNIE.